养孩子，
不是女人
一个人的
事儿

纵艺 著

天地出版社 | TIANDI PRESS

图书在版编目（CIP）数据

养孩子，不是女人一个人的事儿 / 纵艺著. — 成都：天地出版社，2020.10
ISBN 978-7-5455-5885-2

Ⅰ.①养… Ⅱ.①纵… Ⅲ.①儿童教育—家庭教育 Ⅳ.①G782

中国版本图书馆CIP数据核字（2020）第146868号

YANG HAIZI, BUSHI NÜREN YI GE REN DE SHIR
养孩子，不是女人一个人的事儿

出 品 人	杨　政
作　　者	纵　艺
责任编辑	张秋红
封面设计	今亮后声
内文排版	麦莫瑞文化
责任印制	葛红梅

出版发行	天地出版社
	（成都市槐树街2号 邮政编码：610014）
	（北京市方庄芳群园3区3号 邮政编码：100078）
网　　址	http://www.tiandiph.com
电子邮箱	tianditg@163.com
经　　销	新华文轩出版传媒股份有限公司

印　　刷	旭辉印务（天津）有限公司
版　　次	2020年10月第1版
印　　次	2020年10月第1次印刷
开　　本	880mm×1230mm 1/32
印　　张	9.5
字　　数	230千字
定　　价	52.00元
书　　号	ISBN 978-7-5455-5885-2

版权所有◆违者必究
咨询电话：（028）87734639（总编室）
购书热线：（010）67693207（营销中心）

如有印装错误，请与本社联系调换。

全职妈妈历来被社会所忽视，男性也时常会低估带孩子的辛苦程度，他们甚至觉得做家庭主妇是一件十分轻松的事情，所以，对全职妈妈来说最可怕的不是身心俱疲，而是累死累活却无人关心。

养孩子，需要整个家庭的支持

上大学时，我参加了心理咨询师培训，班里大部分都是女性，其中一大半是心理学爱好者，还有一小半是像我一样的大学生。班里年纪最大的一位阿姨有五十多岁了。

在一次"发展心理学"课上，老师讲到婴幼儿心理发展规律时，旁边一位大约四十岁的大姐对我说："真羡慕你们在还没结婚、没生孩子时就能接触到这些知识。不像我们，等孩子出了问题，才知道自己的教育方式有问题，才来学习。"

课间我们又聊了许多，我这才发现，原来班里的大姐们几乎都是为了解决或预防亲子关系出现问题才来这儿学习的。而班上的男性前来学习,更多的是因为自己感兴趣或者为了工作,很少有人是为了家庭而学。

后来,我也成了妈妈。从怀孕的那一刻起,我就发现一个问题:以前总觉得生孩子是两个人的事情,实际上,孕育生命的辛苦只有孕妇自己在承担,怀孕期间的痛苦感受也同样只有孕妇才能真正体会。倒不是说爸爸不愿意分担,而是男人真的很难做到感同身受。

孩子出生后更是如此。对于大多数宝宝而言,喂奶只有妈妈可以,爸爸再着急也没用。除了喂奶,婴儿也非常依恋妈妈的气味和心跳。有时不是家人不帮忙,而是孩子根本不接受除妈妈外任何人的安抚。

可可一岁以内大部分时间都是我在带。他是一个很敏感的宝宝,入睡困难,难以安抚,只喜欢待在我的怀抱里。这一年的育儿经历现在回忆起来我依然觉得很累,每晚无数次的夜醒,导致我因为睡眠不足经常出现偏头痛甚至长荨麻疹。

那段时间我加入了一个妈妈群,和大家聊了一段时间后,我发现,妈妈们对育儿这件事都很焦虑且疲惫。孩子的睡眠、吃奶、生长和性格等方面,无一不让妈妈们感到紧张,孩子只要一有点风吹草动,妈妈们就立刻进入备战状态。除此之外,"猪队友"般的老公、沟通不畅的长辈、存在分歧的育儿理念都让妈妈们心力交瘁。

一年前,有位新手妈妈向我咨询育儿和家庭关系的问题。她的宝宝三个月大,每次吃奶时间都很久,吃完奶也很黏妈妈,这导致她每天几乎没有属于自己的时间。她跟老公抱怨,觉得自己的时间都被宝

自序

宝占据了,老公却说:"那你不喂母乳不就好了吗?"

她很生气:"作为妈妈,我肯定想给宝宝最好的啊,我需要的是你帮我分担一下情绪上的压力,安慰安慰我,你怎么直接让我不喂奶了呢?"她老公也觉得很委屈,说:"你让我帮你解决问题,我就帮你解决问题了啊,你怎么还怪我?"

夫妻俩因为这件事冷战了好几天,结果被婆婆发现了。婆婆找老公问了事情的经过后就来劝她,说:"孩子他爸是为你好才这么说的,你也体谅体谅他,别生气了,喂奶粉也没什么大不了的。"

她说:"他对孩子根本就不上心。孩子出生这么久,他连母乳和奶粉的区别都不知道。我给他发的育儿的科普文章他根本就没看,每次都敷衍我。"婆婆听了反而有点不高兴了:"他一个男人,每天都要上班,晚上回来还能陪孩子玩一会儿,你就应该很知足了。我们那会儿都是自己带孩子,根本没人帮忙,不一样也熬过来了?也没见谁天天愁眉苦脸的。我看你就是不能吃苦。"

这次和婆婆争吵后,她在房间里哭了很久,觉得委屈,也很生气。为什么所有人都认为带孩子是女人一个人的事情?女人要把孩子带好,还不能有怨言,不能觉得累,不然就不是好妈妈。

因为这次争吵,家里的气氛也降到了冰点。除了日常必要的对话,她和婆婆、老公基本都不怎么说话了。晚上老公回来吃完饭,就和婆婆一起在客厅看电视,她就抱着宝宝回卧室,给宝宝洗澡、哄睡。

当然,最初的问题并没有得到解决,反而因为和老公、婆婆的

3

争执使得她从家中获得的帮助更少了，她几乎每时每刻都在围着孩子转。以前她还能趁孩子睡着时看看电视剧，现在每天孩子睡着以后她也跟着睡了，因为实在太累了。

过了三四天，老公对她说："你看，这几天你带孩子不也带得挺好的？之前还总抱怨。"她老公不知道，她不抱怨不是因为没什么可抱怨的，而是没有能够让她信任的、可以倾诉的人了。

这样的状态持续了两周多，她发现自己的注意力越来越难以集中，有时甚至正抱着孩子也会发呆或者走神。有一天，孩子玩纸巾时不小心吃掉了一些，婆婆责怪她怎么这么不小心。她一边心急地检查孩子的口腔，看还有没有残余的纸巾，一边跟婆婆说自己是不小心。

那天，她一整天都提心吊胆的，生怕孩子会出什么问题。等到晚上孩子睡了，她看着孩子熟睡的脸，突然觉得自己真的太悲哀了，于是忍不住大哭起来。后来她告诉我，那一刻，她的脑海里突然闪过一个念头：她想抱着孩子一起结束生命，因为觉得活着实在是太苦、太累了。

这样的故事几乎每天都在上演，妈妈都希望自己可以做到最好，但大家很少考虑这样一个问题：一个人能承受得了这么多吗？

理想中的妈妈是这样的：永远不会累，能随时满足宝宝的任何需要，永远不会生气或者沮丧，能给宝宝最好的爱。

但现实中的妈妈是这样的：她可能拖着还没恢复好的身体去照顾宝宝，还要做家务，缺乏睡眠，个人空间被无限挤压，缺乏支持和共情，她变得易怒，冲宝宝发了火之后又自责、内疚。

自序

很多人都觉得带孩子是女人的事情，实际上，养育孩子需要整个家庭的支持。

有些女性出生在重男轻女的家庭里，或是家庭环境不和谐，父母经常吵架，就可能导致她们对自己的女性身份无法完全接纳，对生孩子这件事也没有真正想清楚，而是觉得到了该生孩子的年纪就应该生一个，或者是迫于环境的压力不得不生。

在这样的状况下，女性生孩子就是一件很危险的事情。她们会很难适应母亲的身份，照顾新生儿也会勾起她们内心的原始创伤。如今产后抑郁的发病率越来越高，除了产后激素波动的生理因素，心理因素也是重要的原因。

即便有些女性很幸运，从小到大都很幸福，产后的睡眠缺乏、身体上的疼痛、照顾孩子的疲惫也都会是严峻的挑战。这时，女性需要的是全方位的支持。

宝妈们希望有人可以帮助她们尽快恢复身体，帮助她们分担家务，能够理解她们的沮丧和愤怒，并帮助她们找回一些属于自己的空间。宝妈们只有被周围的人很好地支持，她们才能提供给宝宝最好的爱与照顾。

许多妈妈经常会告诉我，她们对孩子没耐心，经常吼孩子，她们为此感到很内疚，却总也改不掉。这时，我通常会先问她们："你平时心情不好时，有可以沟通的人吗？或者说你有缓解的方式吗？"大部分妈妈听到我的提问后先是沉默，后是流泪。

很多妈妈都会陷入这样一个误区：她们的目光都集中在了孩子身

上，却很少回过神来看看自己。也许她们已经处在情绪崩溃的边缘，压力已经积累到极限了，却还在要求自己给孩子爱和包容，这必然是做不到的。

我写这本书也是希望让更多的人能够明白：育儿究竟是怎么一回事，为什么总有女性因为带孩子而感到痛苦和绝望，她们到底在痛苦和绝望些什么。

如果你还没有宝宝，希望你看完这本书后能认真审视这件事，并懂得养育孩子到底需要具备怎样的心理素质。

如果你已为人父母，那么，这里面有很多你带孩子需要用到的心理学知识，以及如何处理家庭关系、夫妻关系和实现自我成长的内容，希望可以帮到你。

最后，希望每个宝宝都能得到良好的爱与照顾，希望每一位妈妈、爸爸都能真正享受育儿的乐趣。

纵艺

2020年春

第一章　关注宝妈心理：

每个全职妈妈，都是铁血真"汉子"

全职妈妈，都是铁血真"汉子" / 2

产后抑郁，即使不理解，也请别讽刺 / 6

如果做妈妈让你失去了自己，

那可能是你本来就没有自我 / 10

这么完美的你，谁能配得上呢 / 14

对孩子发火，就不是好妈妈了吗 / 18

好妈妈不需要做到完美 / 23

带孩子容易抓狂，你可能是高需求妈妈 / 27

比孩子的心理健康更重要的是家长的心理健康 / 31

第二章　亲子关系：

不说"我都是为了你"，是为人父母的基本准则

不说"我都是为了你"，是为人父母的基本准则 / 38

不被"看见"的孩子，一生都在找寻安全感 / 42

不论我们承不承认，母婴分离都会带来创伤 / 46

我的目标是尽量不给孩子添堵 / 51

孩子入园，你焦虑了吗 / 56

二胎时代，你需要注意的儿童心理、家庭

关系问题 / 60

替受欺负的孩子出头，你问过他的意见了吗 / 65

妈妈，其实你可以先抱抱我，再教育我 / 70

谁不是一边爱孩子爱到死，

一边又想把孩子扔了 / 74

太在意孩子吃饭好不好，

其实是限制了孩子的能力发展 / 79

不懂孩子的情绪，我该如何安抚他 / 84

把孩子当"小情人"？快打住 / 88

爸妈，下次别人批评我，

希望你们可以站在我这边 / 92

不回应，是比打骂更可怕的惩罚 / 96

孩子不吃饭，还不是被你逼的 / 101

别人总说我惯着孩子，我该如何回应 / 105

总不想满足孩子的需求，你在害怕什么 / 110

第三章 心理健康：

没有什么能比孩子的心理健康更重要

孩子出生后的头三年，是家庭教育的关键期 / 118

"可怕的两岁"：幼儿使用说明书 / 123

孩子的执拗期，持续多久才算正常 / 128

生气、伤心、害怕，都是不好的吗 / 133

心理健康的孩子，都能痛快地对父母发火 / 137

过早成熟的孩子，会有哪些成长隐患 / 141

如何避免养出低自尊、暴力、懦弱的孩子 / 146

过分懂事的孩子，不值得父母骄傲 / 151

是不是尊重孩子后，他就不发脾气了 / 155

孩子在家是小霸王，出门像只小绵羊 / 160

六岁前的孩子不需要那么多规则 / 165

性格内向的家长，如何培养性格外向的孩子 / 170

爸爸妈妈，你们吵架别拉上我 / 174

孩子不愿意分享，是再正常不过的事情 / 179

小时候太乖的孩子，

在青春期可能更容易叛逆 / 183

请记住，打孩子也是家暴 / 189

第四章 亲密关系：
婚姻中夫妻关系必须放在第一位

好的关系需要两个人一起努力 / 196

夫妻关系比亲子关系更重要？

这得看具体情况 / 200

如果没有爱，另一半再优秀也白搭 / 204

老婆辞职在家带孩子，就是为了逃避工作 / 208

致那些在婚姻里痛苦却没有选择离婚的人 / 212

我想和你聊聊，你说你想静静 / 216

婚姻里最可怕的是你对我没兴趣 / 220

夫妻吵架的正确姿势 / 224

目录

婚姻里只有爱是不够的 / 229

新手爸爸为什么这么难当 / 233

第五章　隔代养育：
在带孩子方面和老人有冲突，该怎么解决

在带孩子方面和老人有冲突，该怎么解决 / 240

为什么长辈总怕惯坏孩子 / 244

人生排序里把父母放在最后一位 / 248

关于隔代育儿有矛盾的另类解释 / 252

要把婆婆当亲妈 / 256

你是一个乖得过分的儿媳妇吗 / 261

致"妈宝男"：还没断奶，就别结婚了 / 266

控制狂妈妈用爱毁了孩子 / 271

不敢拒绝别人，你小时候一定过得挺惨吧 / 276

原生家庭的影响或许比你以为的更深刻 / 281

后　记　觉醒吧，中国式父母 / 285

第一章

关注宝妈心理：

每个全职妈妈，都是铁血真"汉子"

努力维持"好妈妈"的人设真是害人害己。你"好"了太久，周围的人就会认为你是没有不良情绪的"圣人"，孩子也会认为你就是理想中的完美妈妈。直到有一天，你憋不住爆发出来时，周围人对你的认知瞬间崩塌，随之而来的是无休止的攻击，因为你的不完美伤害了他们。

全职妈妈，
都是铁血真"汉子"

上周五我去参加家庭治疗培训，这是我第二次上课。上个月上课时，同学里有位姐姐已经临近预产期，还有一位孩子刚五个月大的妈妈。

这月开课时，孕妇姐姐已经出月子回来上课了。她上课迟到、早退，就是为了赶回家给孩子喂母乳。而另外那位妈妈因为婆婆回老家过年了，她不放心让老公一个人带孩子，就让老公把孩子带到教室隔壁的房间内看护。

午休时间很紧张，我吃完饭回去时，看见她一个人在休息室看孩子，很惊讶地问："你老公呢？"她一脸无奈地说："他要去参加朋友的答谢宴，带着孩子一起去我不放心，那边肯定会很吵，而且还会有人抽烟、喝酒什么的。"她停顿了下，又说，"其实我不想让他去的，就一个答谢宴，又不是非去不可，况且我一个人带孩子也想有个帮手，可他非要去。"

第一章 关注宝妈心理：每个全职妈妈，都是铁血真"汉子"

我问："那你吃过饭了吗？"她说还没，不过让同学帮她带了。我们正聊着，又有好几个同学过来帮她看孩子。她说："生完孩子我才发现，这真是男权社会啊，女人和男人一样要工作，可女人回家后还得带孩子、做家务，男人偶尔看看孩子、做做家务，别人就会说'他真是个好爸爸'，这也太不公平了！"

我半开玩笑地说："可是你想呀，你能确定孩子是你亲生的，但男人不能。"说完，大家都笑了。她说："对，每次我累到筋疲力尽时就想，孩子是我的！是我的！"

下午上课后她老公回来了。课上到一小半，孩子哭了起来，她便立刻跑到隔壁去安抚孩子，因为孩子的爸爸安抚不了。后来，下午的课她只上了一半。

我在家把可可带到一岁大，当初怀孕时我规划得很美好，想着等孩子三个月大时我就复工。但孩子出生后我才发现，三个月根本不够，于是我又想着等孩子六个月大了我再去上班。同事的孩子比可可小一个月，她在孩子四个月大时就想回去上班，结果才上一天班她就崩溃了。她一想到孩子，眼泪就掉了下来。晚上下班之后，她一路跑回家。我冷静地思考了一下，决定把孩子带到一岁再复工。

其实，从身体到心理，带孩子都是件压力很大的事情：

1.不论是母乳喂养还是奶粉喂养，都存在喂夜奶这件事。母乳喂养麻烦在哺乳次数多，奶粉喂养麻烦在不能随时随地撩起衣服就喂，再冷、再困也得起床冲奶粉。

2.带孩子是全天无休的，唯一的放松时间就是孩子睡着以后。所以都说做妈妈熬的不是夜，是自由。

3.不是自己不修边幅，而是熬夜加产后虚弱加哺乳内衣，真的很难精致起来。亲力亲为带孩子的妈妈都知道，要穿柔软宽松的衣服带孩子才方便。

4.突然和未婚未育的朋友失去了共同话题，没生孩子前是想象不到生孩子后的艰难的。以前的朋友会在这段时间渐渐疏远，这对新手妈妈来说，也是一件很伤感的事。

5.没有收入或收入很低时，即便家人不嫌弃，自己也会有很大的压力，买东西会顾虑更多。没有经济来源，会自动丧失一部分话语权，这也会进一步增加新手妈妈的焦虑。

6.每天和孩子大量的互动是很劳心伤神的。孩子性格安静，也许会稍好一些，要是遇上一个高需求宝宝，妈妈肯定要心力交瘁了。

7.不是所有老公都能很好地适应新身份。当遇到一个"猪队友"时，你会一下子变成"二胎"妈妈，老公是大宝，孩子是二宝。这样的痛苦不是每个新手妈妈都能承受的，大多数妈妈会选择压抑自己，不去想这些事情，因为一旦想到就会很崩溃。

8.带孩子是一件不容易看出成效但很容易看出纰漏的事情。你带得好，大家都觉得是应该的，而一旦孩子磕碰了、生病了，或者有任何不良行为或性格上的问题，大家首先问责的，一定是孩子的妈妈。

第一章

9.新手妈妈要顾及的事情太多了，她们唯一顾不了的就是自己。当身体出现问题时，为了哺乳，她们会选择硬扛；当情绪出现问题时，她们会偷偷哭一场，第二天假装什么事情都没发生。如果你曾听到过新手妈妈的吐槽，那一定是她压抑了许久的结果。有时甚至都不是她们故意要压抑自己，而是她们根本没时间来纾解自己的负面情绪。

10.全职妈妈历来都被社会所忽视。男性也时常会低估带孩子的辛苦程度，他们甚至觉得做家庭主妇是一件十分轻松的事情，所以，对全职妈妈来说最可怕的不是身心俱疲，而是累死累活却无人关心。

这次上课，有好几个孩子在一岁左右的妈妈，她们中有的是一胎，有的是二胎。当大家谈到对自己的状态感到不满、自卑、愤怒和无奈时，在场的一位二胎爸爸说，他听到这些发言后，觉得很对不起自己的老婆，很内疚。

这让我十分震惊，因为这位男士是从业多年的心理咨询师，他都在这种价值体系的影响下忽视了老婆对家庭的付出，想来必定有更多的男人还在理所当然地享受着老婆照顾孩子、收拾家务的生活，他们的老婆该有多绝望啊！但在这种绝望下，又有多少妈妈能改变自己的境遇呢？

男人不要觉得女人带孩子是一件理所当然的事，未婚女人也应当明白生孩子到底意味着什么。而已婚已育的妈妈更要明白，你所经受的这些，其他妈妈也会经历。请对自己宽容一点，遇到问题时可以多向外界寻求帮助，不要把养育孩子的责任全揽到自己身上。

产后抑郁，
即使不理解，也请别讽刺

产后抑郁是一种产褥期精神综合征，一般发病时间是在产后两周至三个月。而产后抑郁公认的发病原因大致分为以下三类：

1. 产后激素波动、疼痛等生理因素。
2. 产后家庭环境的变化。
3. 产妇对新身份的不适应。

产后抑郁并不是单纯的心情不好或矫情，而是生理、心理、环境等多重因素的影响所引发的一种身心疾病。产后抑郁患者轻则无法照顾孩子、自我价值感低、与家人频繁发生冲突，重则可能还会出现自伤、自杀或者伤害孩子等行为。

虽然近几年产后抑郁已经逐渐被关注，但仍有很多人不了解，甚至将其污名化。多年前我在医院心理科门诊实习时，就遇见过这样的家属。产妇对医生诉说自己的症状和心情时一直在哭泣，而旁边的丈夫则一脸冷漠。当医生询问产妇是否有自杀、自

第一章 关注宝妈心理：每个全职妈妈，都是铁血真"汉子"

伤的倾向时，丈夫竟然笑了起来，说医生太小题大做了，她就是内心太脆弱，闹点情绪，根本不至于这样。

而现实生活中，的确有很多产妇真的考虑过上述行为。她们不是不自爱、不爱孩子，而是她们病了。这种伤害自己、伤害孩子的想法，本身也会让她们产生强烈的负罪感，家人的不理解更会加重她们的自我怀疑，这种心境的恶性循环是很多家属所不能理解的。

许多新手妈妈私下向我咨询，说感觉自己的情绪很差。我询问后才发现，她们抑郁的症状已经很明显了，并且持续了很长的时间。我建议她们先去医院心理科诊断一下，看是否需要药物辅助。因为中、重度抑郁症，即使进行心理治疗，也需要在有药物辅助的情况下才能进行。单纯的心理治疗见效慢，还可能会延误病人的病情。而新手妈妈在面对我的这一提议时通常都会退缩。她们退缩的原因是："怕家人觉得我太小题大做。""怕家人觉得我有精神病。"

一开始看到这样的回复我还会有些生气，觉得如果因为家人不支持就不去看病，等到病情真的发展到严重的地步，谁来替你承担后果？但后来我接到的咨询多了，也就渐渐理解了她们。对没有处在产后抑郁中的我来说，鼓励患者就医是一件很容易的事情，但对那些陷在产后抑郁泥沼里的女性来讲，在没有家人支持、陪伴的情况下，独自就医的确是一件很困难的事情。

其实不只是病人的家属将产后抑郁污名化，她们自己内心也会这样觉得。她们认为产后抑郁是"精神病",是不负责任、不够坚强的妈妈才会有的病症。她们在内心深处质问自己:"为什么我妈妈、我婆婆生孩子时都好好的,到了我这儿就这么多事?我是不是真的不称职,太矫情?"

以前的产妇为什么看起来那么"坚强"?一是因产后抑郁而自杀的人根本没机会告诉别人自己的经历;二是她们被诸多生存问题所困扰,根本没意识到自己还有产后抑郁。

老人常说以前的孩子好养活,喂米汤都能长大,现在的家长太讲究。但他们根本不知道以前的新生儿、幼儿的死亡率、畸形率有多高,他们也不关注现在孩子的身体素质到底提高了多少。不是以前的人更坚强,而是以前人们对心理疾病的认识几乎为零,那些因此而死亡的人并没有被记录。

2017年流行病学资料显示,西方发达国家产后抑郁患病率为7%~40%。我国报道的患病率为1.1%~52.1%,平均患病率为14.7%。也就是说,每100个产妇中就有近15人患有产后抑郁症,而大多数女性都觉得自己不会是那十五分之一。

产后抑郁有时也会在产前有征兆,还会出现于怀孕的过程中,许多妈妈的产后抑郁甚至从怀孕时就开始了。其实,这主要是因为她们能获取的关于孕产的信息太少了。很少有人告诉她们生育的过程中要经历怎样的痛苦,更不会有人告诉她们生完孩子后,她们体会到的并不仅仅是喜悦。不少妈妈都说:"早知道生孩子是这样的,打死我也不生。"

全民刻意回避怀孕、生产及产后不适，也是让新手妈妈对产后抑郁产生羞耻感的主要原因，这也让没有体验过生育过程的男性无法理解自己的老婆为什么会因为一件"喜事"而抑郁。

对那些还未生育的女性来说，你们如果有生育的打算，请一定要多了解一些备孕、怀孕、生产及产后的知识，而不是一拍脑门儿就决定生个孩子，同时，不要忘了邀请你们的伴侣一起参与这个过程。要知道，充足的心理准备和丰富的育儿知识储备，可以有效减轻产后抑郁的症状。

对于已经处于产后抑郁中的女性，如果你的家人不理解、不支持你的求助，你完全可以自行寻求专业人士的帮助，或者从那些与你有相同经历、能够理解你的朋友那里获得支持。家属则一定要注意观察产妇的精神状态、情绪状况，如果她经常哭泣，睡眠质量差，情绪低落、易怒，你就要考虑她是否患有产后抑郁。这时家属就要多多给予支持，而不是讽刺、打击，必要时要及时带她就医。

产后抑郁并不是无法治愈的，很多产后抑郁之所以造成了严重的后果，就是因为当事人或其家庭成员的忽视。产后抑郁在得到及时、有效的治疗和心理干预下，是能够恢复得很好的，请患有产后抑郁的妈妈们一定要对自己有信心。

如果做妈妈让你失去了自己，那可能是你本来就没有自我

现在咨询育儿问题的人越来越多，慢慢我就发现这些人存在一些共性：

1.觉得孩子有个特别让你头疼的问题。

2.自己各种方法都尝试过，却发现根本没用。

3.你为此吃不下、睡不着，觉得人生一片灰暗。

如果不是严重到这个地步，大家也不会向我咨询。当来访者描述完问题后，我一般会问：

1.孩子多大了？

2.全职带孩子多久了？

3.除了带孩子，你还有别的事情可做吗？

4.有孩子之前，你都有哪些兴趣爱好？

孩子越小，妈妈的焦虑程度就越高，但随着孩子慢慢长大，妈妈回归到职场后，这种焦虑就会降低很多。其实并不是问题变

少了，而是因为她们恢复了部分以前的生活，让那些看起来头疼的问题渐渐变得不那么可怕了。

现在回想一下你刚生完孩子坐月子时，是不是觉得暗无天日、人生灰暗？仿佛人生的意义只剩下喂奶、拍嗝、哄睡、换尿布了。当你的人生浓缩为一件事，而这件事一旦出现了偏差，那你就会觉得自己的整个人生都毁了。我曾见过有新手妈妈因为宝宝的一次排便和以前不一样，就觉得自己很失败而号啕大哭。

乍一看，你会觉得：至于吗，不就一次便便的事？其实这并不是便便的事，而是她的价值感在那个瞬间丧失了。因为除了能保证孩子健康成长，她觉得自己没有任何存在的价值，而就这么一点小事她都做不好，因此，她否定了自己的整个人生。

为什么女人生完孩子后就会发生"巨变"？为什么说"为母则刚"，而不说"为父则刚"？试想一下，多少家长对女孩的期待都是：找个轻松的、离家近的工作，钱赚多赚少无所谓，能嫁个好人家，生个孩子，安安稳稳过日子就行。对男孩的期待则是：要有出息，要见世面，男人要以事业为重，找个勤俭持家、温柔善良的老婆就行。

发现问题了吗？男孩从小就被社会强调要自我实现，而女孩则倾向于被培养得宜室宜家。大家经常说"干得好不如嫁得好"，其实这对女孩来说就是误导，这是在教她把人生完全寄托在男人身上。当她把整个人生都赌在婚姻上时，她的压力能不大吗？孩子出现任何问题，大家的第一反应就是先责怪妈妈，因为在传统观念里，女人最大的价值就是生孩子、养孩子。

不是说生孩子、养孩子不重要，而是说，如果女人的价值只剩下生孩子、养孩子，那将是一件极其可怕的事情。首先，无论是相夫还是教子，都是把女人和男人捆绑到了一起，而这本身就是一件极不可控的事情。其次，如果你把全部精力都放在别人身上，那就是间接放弃自我，渐渐地，你的身份就会变成某某的老婆、某某的妈妈，直到别人渐渐忘记你的名字。

无论男女，当你把自己的人生和对方捆绑在一起时，对方就会感到巨大的压力，想要逃离。这也是为什么女人辛辛苦苦操持家务、抚养孩子，而老公却不想回家的原因。如果站在女人的角度想不明白，那就试着站在孩子的角度想想，如果你爸妈对你说"我这辈子就靠你了"，你会是什么感觉？

男人是有地方可躲的——忙工作、玩游戏、找朋友，男人躲出去后，女人就会将注意力放到孩子身上，而这种关爱是充满控制与绝望的，因为男人指望不上，就转而指望孩子。但是，很多女人自始至终都没明白，她们最应该指望的，其实是自己。

我曾看过这样一个段子，有个女人说："如果有女人愿意为我生孩子，孩子随我姓，还洗衣、做饭，那我会心甘情愿地把她供起来养一辈子。"

当然，这只是一种假设。有太多新闻告诉我们，女人做家务、生养孩子的价值并没有被大众所认可，大家都认为这是女人的分内之事，而这样的思维习惯在短时间内是很难改变的。

第一章

关注宝妈心理：每个全职妈妈，都是铁血真"汉子"

伊能静发过一篇微博，大意是她很享受做全职妈妈照顾孩子、布置家、做饭这些事情，呼吁大家重视全职妈妈的价值。虽然她的出发点很好，但她的资产以及她的业务能力是大多数普通全职妈妈无法相比的。

她做"全职妈妈"期间，代言继续接，还顺便做起了和育儿相关的产业，她的收入不一定比她老公少。但是，她并不属于全职妈妈普遍存在的类型。

我不是说女人生完孩子后就要去打拼事业，而是说有了孩子也不能完全放弃自己，不要把自己的人生意义定格在相夫教子上，一年、两年也许还行，但十年呢？十五年呢？三十年呢？你能保证自己的生活质量吗？除非你老公非常认可你的付出，不然，他就会有一种是他养着你的优越感，而你也会有一种"没错，是我老公在养家"的低自尊感。

不是说一定要去公司上班、缴纳五险一金才算是工作，即便是在家带孩子也可以有属于自己的事业，例如朋友圈的微商、育儿自媒体、开网店、做甜品等。只要你有属于自己的天地，愿意为此付出努力，并持续发展、壮大自己，那就是事业。

很多女孩不是真的没能力、没脑子，而是进入婚姻后，她们就自断"双手"，开始表演"没能力"，最后连她们自己都信了。我不是在逼着你去开创自己的商业帝国，而是希望你能活出自我，不要甘愿成为他人的附庸。

这么完美的你，
谁能配得上呢

小A的妈妈是一位传统女性。小A说，自她记事起，妈妈在外人眼里就一直是一个完美的人。除对她和妹妹的学习、生活习惯要求严格外，平常妈妈对她俩特别温柔，几乎挑不出任何毛病，而这种严格，完全可以看作是妈妈对她俩的爱。

小A的爸爸则是一个不负责任的"暴君"，他对姐妹俩的生活起居不仅不管不顾，而且每次考试成绩公布后，只要她俩没有考过九十分，就会打骂她们。他对自己的老婆也是如此。小A说，二十多年来，她从没见过父母幸福亲密的样子，印象中一直是妈妈忙着洗衣、做饭、辅导她们功课，爸爸则翘着二郎腿靠在沙发上抽烟、看电视。

妈妈为家庭付出了那么多，爸爸却还是不满，总挑剔妈妈做得不够好，拐弯抹角地讥讽她。父母吵架更是家常便饭，每次都是爸爸自以为是，而妈妈则在愤怒和委屈中反复诉说："我为这

第一章

关注宝妈心理：每个全职妈妈，都是铁血真"汉子"

个家付出了这么多！你呢？你做了什么？"

每次吵到最后，都是妈妈掩面痛哭，一边哭一边诉说自己的委屈和愤怒。如果不是为了两个孩子，她早就离婚了。这时，小A和妹妹就会一边给妈妈递纸，一边安慰妈妈。

小A不是循规蹈矩的孩子，有时她也会闯祸，每当这时，妈妈就会说："你真的和你爸一模一样！"每次妈妈这样讲时，小A都觉得特别委屈，因为她认为爸爸是个大坏蛋。她曾无数次向妈妈表示她讨厌爸爸，并且理解妈妈的苦衷，妈妈却还是会一再强调她像爸爸。

小A今年二十八岁，已结婚两年，刚怀孕。她问我："其实我一直不明白，我爸这么糟糕，我妈为什么不选择离婚。以前她说是为了我和妹妹，但现在我们都结婚了，她为什么还是愿意待在爸爸身边呢？"

辛苦付出、任劳任怨的妈妈，大概是最常见的妈妈类型了。她们的生活里有孩子、老人、丈夫、亲戚、朋友，却唯独没有自己。这种自我牺牲式的妈妈，在现代家庭里仍占大多数。可可一岁前，我也曾处于这样的状态。

因为做心理咨询师的缘故，这些年我学到的所有知识都在告诉我，孩子一岁前需要妈妈无条件、及时地满足他的任何需求。大学刚毕业时我就暗自决定，如果不能攒够让我在家安心陪伴孩子三年的钱，我是绝对不会生孩子的。

但现实总喜欢和我开玩笑。曾经我以为我一定是我们大学宿

15

舍的舍友中最后一个结婚的，但最后我却成了第一个结婚生子的人。可可出生时我刚好二十三岁零三个月，我觉得自己都还是个孩子，但既然已经当妈了，那就硬着头皮也要当好。或者说，我不允许自己当不好（现在看来是多么自虐又自恋的想法）。

我个人十分赞同母乳喂养，即便在很辛苦的情况下，我也依然坚持母乳喂养。高需求的可可夜里醒来无数次，即使可爸第二天不上班，我也会尽量自己去哄睡他。最可怕的是，可可半岁左右时，我感冒发烧，上吐下泻，两天只吃一顿饭，仍然坚持母乳喂养。

我曾经是典型的滥用抗生素的人，三天两头去社区医院输液，但从怀孕到可可两岁断奶的近三年时间里，我连口服抗生素都没有用过，一方面是知道了很多医学常识，避免药物滥用；另一方面是我不允许自己倒下。不到既定的两岁目标，我不允许自己提前给孩子断奶。

这期间我基本达到了"完美妈妈"的标准，但凭良心说，其中有一半是出于爱，另一半则是和自己较劲，和旁观者较劲。我想用实际行动告诉所有人，我能做一个好妈妈。那段时间我几乎不向任何人求助，包括可爸、我爸妈、我公公婆婆等。每当我让可爸或者可姥姥帮我分担一些后，我就会对自己的能力产生怀疑，反思自己是不是不太称职。

也许很多妈妈都和我一样，很会替身边人"考虑"，比如老公第二天要上班、父母年龄大了、孩子最需要妈妈等。这看似是

"好妈妈"的表现，但这种"好"一旦过了头，就会变成自虐。

人际关系都是互动产生的结果，如果你从不要求对方，不与对方互动，久而久之，对方对你的需求就会变得越来越不敏感。

不提要求不是没要求，而是不想主动提，想让对方"猜到"自己在想什么，然后主动去承担责任。就像是恋爱中的女孩总期待惊喜，而不是直接告诉男朋友自己想要什么礼物。

把自己变得太好，就意味着周围的人一定要够"坏"，要么有一个"坏"老公，要么有一个"坏"婆婆或者"坏"孩子。这样，自己的好才能更好地被衬托出来。

老好人总是委屈的，因为他们总是"被欺负"，但这种"被欺负"的感觉其实是他们在向外界表达："我都已经这样隐忍了，你能不能看到我的好，对我好一点？"

可事实是没人愿意配合你演那个坏人。如果你一直用自我牺牲来换取对方对你的好，或者使对方对你产生内疚，那只会让对方感到厌烦和愤怒，最后可能对方宁愿一辈子演"坏人"，也不愿承认你的好。

很多人一生都在等对方的一句"对不起"，仿佛自己幸福与否，全看对方能否说出这三个带有魔法的字。更或许，只有强烈的内疚感和愤怒感，才能让他们感觉到自己和对方是有联系的。

对孩子发火，
就不是好妈妈了吗

网络上有很多文章都说不能对孩子发脾气，那样会影响孩子的心理健康。这话确实也有一些道理，比如从小在暴力和争吵中长大的孩子，他们的安全感和人际关系的确会受到一定的影响，甚至会有严重的心理疾病。

但我相信大部分妈妈都不是暴力狂，她们只是被生活折磨得失去了耐心，才会对孩子发脾气，发完脾气后，她们又会陷入悔恨之中。

妈妈对孩子的内疚根本不用外界激发，只要不是情感扭曲的妈妈，对孩子发完脾气后，或多或少都会后悔或内疚。而真正的问题是，内疚之后大部分妈妈依旧控制不好自己的情绪，于是越发觉得自己很糟糕，不配做妈妈。这种自我攻击和自我否定很容易衍生出抑郁的情绪，进而影响亲子关系、夫妻关系。

就拿我自己这三年来的经历举例吧。由于孕期育儿知识储备

第一章 关注宝妈心理：每个全职妈妈，都是铁血真"汉子"

不足，对孩子出现的很多问题，我都是在可可出生后，一边查阅资料，一边着手处理。坐月子时，我买了好几本育儿书，从《西尔斯亲密育儿百科》到《美国儿科学会育儿百科》，就连自己原本擅长的育儿心理学我都产生过质疑，于是我又买了几本研究母婴关系的心理学书籍。

那段时间我十分焦虑。我不知道可可为什么会哭，不知道他出疹子了该怎么办，不知道他不好好睡觉该怎么办，不知道他没吃饱该怎么办。我一边焦虑，一边担心：我这种焦虑的情绪会不会影响到孩子？反思之后，焦虑又无处发泄，反而变得更加严重。我记得在孕期参加的一次心理学培训课上，老师讲："很多婴儿夜哭有一个很重要的原因，就是他们觉察到妈妈在潜意识里对自己不放心，于是他们用不断地大哭来告诉妈妈'我还活着'。"当时我还信誓旦旦地保证，我一定不会是这样的妈妈。

但后来我认真地回想了一下，我虽然没有担心过孩子会出问题，但我确实不断地在脑海里预测他马上就要开始哭了，马上就要醒了。可可也很"配合"，夜醒的次数越来越多。为了坚持要及时、无条件地回应孩子的需求，一听到他哭，我就会立刻冲过去。虽然这对孩子的心理成长是有利的，但我完全忽略了自己的身心状态。

当我变成一个全身心投入回应孩子的"好妈妈"时，我的身体和精神都处于透支的状态。由于"好妈妈"的人设不能倒，我只能一边强忍着自己的不快，一边继续对孩子笑脸相迎。

家人总是劝我给自己放个假，而我每次都会列举出一大堆我不能离开孩子的理由：要不定时喂奶啊，他哭了你们哄不住啊，等等。现在想想，如果以后我朋友生完孩子心情不好找我吐槽，那我拿着刀也要把她逼出门放松半天。奶可以提前吸出来或者冲奶粉，总有办法让妈妈出门喘口气。

至于对孩子发脾气，我想，没有任何一个妈妈会无缘无故地对孩子发火。妈妈每一次的情绪爆发背后，都积累了大量的负面情绪，比如孩子已经连续一个月夜醒五六次了、老公已经好几次因为应酬晚归、家里的水管坏了还没修、下周又要支出一笔昂贵的早教费用、婆婆今天又说你"为啥不给孩子吃盐"……每一件事都能让你抓狂，但你告诉自己要冷静，事情总会解决的。

于是，那天晚上，孩子第七次夜哭时你爆发了。你抱着孩子一起号啕大哭，甚至想把他摔在床上。老公被吵醒后问道："多大点事儿啊，至于吗？"然后你去妈妈群里吐槽。姐妹们说："孩子夜哭是因为你提供的陪伴质量不够高，你对孩子发什么火？孩子多无辜啊！"打开网页，你看见专家说："孩子的情绪如果得不到家长的接纳和理解，对孩子就是毁灭性的打击，甚至会造成严重的心理疾病。"

这时，你可能想死的心都有了。老公说得对吗？对，事情确实不大。姐妹们说得对吗？对，这几天你确实因为心烦，都没有专心陪孩子玩儿。专家说得对吗？对，确实有大量数据表明，幼年时期的心理发育对孩子一生有着决定性的影响。那么，真的是

第一章

关注宝妈心理：每个全职妈妈，都是铁血真"汉子"

你错了吗？

你确实错了，你错在除了妈妈的身份，你还是你自己，你把自己弄丢了。不是一个完美的妈妈，就不配活在这个世界上了吗？那你成为妈妈之前是为什么而活呢？如果你对孩子发一次火，他以后就娶不到好老婆，这该由你来买单吗？面对这样一个情绪压抑，随时会"爆炸"的妈妈、妻子，你的孩子和老公也会时刻活在充满危机的紧张感中。

努力维持"好妈妈"的人设真是害人害己。你"好"了太久，周围的人就会认为你是没有不良情绪的"圣人"，孩子也会认为你就是理想中的完美妈妈。直到有一天，你憋不住爆发出来时，周围人对你的认知瞬间崩塌，随之而来的是无休止的攻击，因为你的不完美伤害了他们。你不是一直都无私奉献吗？为什么突然告诉我们你也是人，也会有不良情绪？

大多数新手妈妈的怪圈是：一开始想做个好妈妈，于是努力克制自己，偶尔情绪爆发被周围人指责，自己也很内疚，于是更加努力克制自己，导致情绪积压更甚，最后出现极端的情况，要么变成一个什么也不管的泼妇，要么变成一个事事操劳的怨妇。

现在可可快四岁半了，估计大家都很好奇我这样的心理咨询师妈妈会不会打骂孩子。我可以诚实地告诉大家，我会。但我的打骂略带一点技巧，比如正在气头上时，我不会打他，而是等事情过去后，和他玩闹的过程中借机报复，打他屁股或者挠痒痒之类的。孩子是很敏感的，如果你的"攻击行为"里没有攻击性，他就不会感到害怕,这就不会破坏你们之间的关系。训斥更是家常便饭,因为可爸经常出差,舍不得教训孩子,姥姥、姥爷更是溺爱得不行,所以教训他的任务几乎被我一个人承包了,不然他真的会上房揭瓦。

一般我会直接说:"你住手,别搞破坏了。"语气不会委婉。即便他知道我生气了,但为了维护自己的尊严,他还是会继续搞破坏。这时,我会抓住他的手或者把他抱起来,告诉他:"我知道你已经听到我说的话了,我说了这样做不可以。"

我们和好也很快,基本发完火下一秒就和好了。只要他"屈尊"来向我道歉,我就会立马接受。有时我气得实在不想理他,他就会一直说:"妈妈,你怎么不原谅我呢?你快说你原谅我了!"然后,我就会很没原则地原谅他。

现在,我已经放弃最初对自己的严苛要求,不求完美,只求真实。我的确不是一个满分的好妈妈,毕竟除了带孩子,我还有自己的人生,有各种各样的梦想与追求。

女性朋友们一定要想清楚你人生的意义是什么,你想成为什么样的人,想经历怎样的人生。当孩子不再是你生活的全部时,你和孩子的相处才会达到一个很舒服的状态。

好妈妈
不需要做到完美

马伊琍曾写过一篇和孩子分床睡的微博,内容大致讲的是小女儿非要睡在自己旁边,她一直纠结要不要把孩子抱回到小床上睡,却又有些舍不得,她觉得与孩子同床睡的日子屈指可数。

她回忆起大女儿小时候就特别依赖自己,总要她搂着睡到天亮。当时,她笃定地认为,要从小培养孩子的独立性,所以她每次都会把睡着的大女儿抱回到小床上,只有孩子生病时她才会让女儿睡大床。现在回想起来,她都不知道自己当时在想什么。她也在微博里劝大家不要心急,孩子长大就在一瞬间,现在就让他们依赖着吧。

之前,她还写了一篇微博,反思自己当年对大女儿使用哭声免疫法,导致孩子现在很没有安全感,她很后悔。

其实,对这些问题,育儿专家和儿科医生的看法是不同的:对儿科医生来说,他们更注重孩子的生理状况,比如,孩子在一岁以内和大人同床睡觉，猝死的风险会高出很多，因此，他们建议一岁以内的孩子应该和父母同房不同床；而从婴幼儿心理发展的角度来讲，一岁以内正是安全感建立的关键期，孩子需要和妈妈多亲近，监护人也需要尽量满足孩子的各种需求。

这让妈妈觉得很矛盾，到底是同床还是不同床呢？其实，孩子并没有我们想象中那么脆弱，换句话说，我们也没有自己认为的那样重要。

不知大家是否还记得，我曾讲过在孩子出生后的一个半月内，有个叫"原初母性灌注"的阶段。研究母婴关系的心理学家温尼科特是这样描述的："这种状态类似于一种疾病，但它只发生在健康的母亲身上。母亲就像是宝宝的'代理自我'，对宝宝的需求敏感地做出反应，并通过应答行为、语言等，使宝宝建立'主观全能感'。"

因此，这个阶段并不是周围人都觉得你疯了，眼里只有孩子，而是妈妈在这个阶段的确有点"不正常"，但这种不正常对母婴关系的建立非常重要，它能让孩子更好地成长。

有一部分对育儿问题过度纠结的妈妈把这个阶段无限延长了，以至于孩子有一点风吹草动，她们就焦虑到不行，这不是一种健康的状态。

从妈妈的角度来说，她们眼里只有孩子，这是对自己莫大的忽视，忽视了自己对爱情、亲情、友情、自我实现等的需要，仿佛自己除了是孩子的妈妈，其他身份都消失了，而这往往还会让

第一章

关注宝妈心理：
每个全职妈妈，
都是铁血真
"汉子"

她们觉得自己很没有价值，还会产生悲观、无力、愤怒等负面情绪。这样的状态自然也会影响到很多关系，首先便是夫妻关系。从孩子的角度来说，妈妈眼里只有自己，孩子会很享受这种和妈妈紧密联系在一起的感觉，妈妈的及时回应也能增加孩子的安全感。但如果孩子的年龄超过了一岁，这份关注就会产生相反的效果。

孩子慢慢学会走路，开始拥有更多自主的可能性，这时的密切关注和回应就不再是婴儿期那种温暖感受了，而是会变成一种束缚，阻碍孩子进一步探索未知世界。妈妈的这种密切关注，孩子也能轻易地捕捉到。因此，孩子就可能会以放慢自己的成长速度为代价，来安抚妈妈的这种分离焦虑。

如果这种状态持续得再久一点，到孩子两岁左右，进入自我意识萌发的执拗期时，便会带来更大的灾难，因为在这一时期，孩子的任务就是区分什么是妈妈，什么是"我"。如果妈妈总是和自己步调一致，紧密捆绑，孩子就会产生巨大的压力和愤怒情绪。

我们应该做"六十分妈妈"，因为只有我们犯错了，孩子才会获得成长的机会。这一点我觉得我妈做得挺好的。每次我和她开玩笑，说她笨时，我妈都会回我一句："我不笨怎么能显得你聪明呢？"

这是一个全民焦虑的时代，大家总想找到一个完美的位置，仿佛只要找对了位置，一切问题就能迎刃而解。面对育儿问题，今天这个专家这样说，明天那个专家那样说，每天都有反转，大家越学越迷茫。

我们不妨把眼光放长远一些，儿科医学、心理学都在飞速发展，我们也在不断进步，谁能保证现在的理念几十年后依旧适用呢？

马伊琍是很有勇气的，她敢于反思自己，敢于公然反对所谓的"育儿专家"。但我想，也许等孩子更大一些后，她还会再次进行新的反思——大女儿真的就不如二女儿过得开心、幸福吗？

人们总以为能够掌控自己的命运，结果控制不了自己的命运，就转而去控制孩子的，想方设法给他自认为最好的、最棒的。但我们仍然无法控制自己在什么时间接触到什么样的理念，而孩子的成长也不会等我们准备到百分之百时才开始。

我们无法做到完美，也不需要做到完美，正因为这些不完美，才形成了我们和孩子间独一无二的关系。

带孩子容易抓狂，
你可能是高需求妈妈

你是一个对他人的情绪变化敏感的人吗？

你是一个很在意别人对自己的评价的人吗？

你对温度、湿度、声音、光线以及气味的变化敏感吗？

你时常缺乏安全感和自信心吗？

如果你的答案都为"是"，那么，你很可能就是一个高敏感、高需求的人。

高需求宝宝的定义是：黏人、警觉、情感强烈、耗费精力、要求苛刻、哭得很凶、很难安抚、特别敏感等。高需求宝宝能累趴全家人，因为你们不仅要满足他的生理需求，还要满足他的情感需求。

而高需求的成年人就没那么好运了，他不仅不会被宠着，多半还会被认为是矫情、过于敏感，甚至是无事生非。

我曾接到过这样一个育儿咨询，孩子的妈妈先是细心地跟我反复确认了时间，然后又问我需不需要把问题提前总结好告诉我。她发给我的问题总结得很细致，还特意写上了一些自己对这些问题的思考。我当时的第一反应是：既然你都这么清楚了，为什么还要向我咨询呢？

她要咨询的问题很明确，就是她家孩子现在两岁左右，最近几个月变得越来越有主见了，有些大人不让做的事情孩子却非要做。她和孩子起了冲突，吼过孩子几次，她担心这会给孩子留下心理阴影。

这类问题其实很常见，有的妈妈担心自己某段时间对孩子回应不是很好；有的妈妈则担心自己吼了孩子几次会给孩子留下心理阴影；有的妈妈则担心自己忙于工作，陪伴孩子的时间太少。这些妈妈的共同特点就是：背负着巨大的焦虑，并且把孩子的健康成长当作是自己一个人的任务。

这位妈妈算是比较幸运的了，她有一个好脾气的婆婆，有一个尊重她意见的老公，孩子在几个月前也一直都很乖，没出现过较大的问题，但这并不意味着她能平静地接受孩子出现的这些小叛逆。相反，之前孩子好带时，这位妈妈虽然表面平静，但其实内心的焦虑也不少。她经常会担心有不好的事情发生，担心自己做得不够好。

我接手的育儿咨询里，有百分之九十以上的来访者都属于高敏感、高需求人群，她们特别需要家人认可自己的育儿方法，在受挫时能够有人安慰她们。如果她们长期处于缺少鼓励支持、充满责备的环境中，那她们甚至会对自己的人生产生怀疑。

但现实中，她们的注意力往往都在孩子身上。在我提醒她们之前，很少有人认真思考过自己的状态。

第一章 关注宝妈心理：每个全职妈妈，都是铁血真"汉子"

高需求宝宝并不是因为父母的养育方式错误而造成的，而是天生的。高需求、高敏感的成年人也一样。在他们对孩子的事情一筹莫展之前，他们一定经历过许多次类似的情形。

我罗列了高需求成年人的几大特点，供大家参考：

1. 容易伤心或愤怒。

2. 对别人所说的话很在意。

3. 经常把一件小事在心里无限放大。

4. 经常会感到焦虑。

5. 容易过度反思，觉得自己永远都不够好。

6. 看到不好的事情容易联想到自己，并为此而担心。

7. 睡眠质量差。

8. 容易感到疲惫。

9. 食欲差，或者习惯用吃东西来缓解不良情绪。

10. 对亲密关系、亲子关系严重缺乏安全感。

以上十条，如果占到一半以上，就说明你有高需求、高敏感的倾向。

对于高需求宝宝，我们的宗旨是：尽量满足他们的需求，即使不能满足，也请理解他们，而不是指责他们，应该给他们时间，让他们成长。

而对于高需求的成年人，你能做些什么呢？每个成年人都有一颗想要变回婴儿的心，想要被爱、被无条件地照顾，但这种爱在成年人的世界里几乎不存在。如果你非要找到那个无条件包容你、爱你的人，那你可能需要一点运气。

我们能做的，也是最重要的就是：先意识到自己处于过度自责、过度焦虑的状态里。现在有不少所谓的专家就是在贩卖焦虑。一些粗心的家长可能和朋友、伴侣吐槽两句就忘了，但高敏感、高需求妈妈会把那些焦虑放在心里，反复折磨自己。

有些文章会让你觉得你的焦虑、紧张是对的，只有当你焦虑、紧张了，才说明你是一个称职的妈妈。但事实并非如此，焦虑人人都有，但如果你的焦虑和自责已经严重超标，那就一定是不健康的。过度的焦虑和自责并不能让你成为"专家"口中称职的妈妈，反而会慢慢压垮你。如果你都倒下了，那还谈什么陪伴孩子、教育孩子呢？

当你能清楚地意识到自己处在不健康的焦虑状态中时，你可能接下来就需要花费一些时间了。你需要练习当自己陷入自责和焦虑中时，及时把自己拉出来，或者让自己意识到现在的担心是被自己放大了。如果有伴侣、朋友、家人协助提醒你也是不错的。如果没人提醒你，你也可以自己提醒自己。即便是心理咨询师，他们也只是帮助你了解自己，而不是代替你了解自己。

在这个过程中，最重要的是不要反刍，不要说："我不该焦虑，我不该自责，我怎么又这样了？"而要说："这就是我的性格特点，我意识到了，现在，我慢慢调整到最舒服的模式就好。"

最后，高需求、高敏感的妈妈们，请用对待高需求宝宝那样的耐心和爱心来对待自己吧，你值得被这样对待。

比孩子的心理健康更重要的
是家长的心理健康

热播电视剧《我们都要好好的》里，刘涛饰演的女主角是个全职妈妈，一直在家带孩子。她很少和老公交流，自己也没什么兴趣爱好，最终患上了抑郁症。她精神恍惚地吃了好几次药，还不小心摔碎了玻璃杯，划伤了胳膊，朋友误以为她要自杀。心理医生告诉她，她的状况不适合再带孩子了，说她可能会伤害到孩子。结果，她直接从孩子的生活里消失了。她打算等病好了，有能力赚钱养活自己和孩子时再回来。

首先，电视剧是为了突出人物内心的矛盾才安排了这样的剧情，实际上，妈妈突然消失对孩子来说，绝对比妈妈患抑郁症所受的打击更大。

电视剧里，孩子除了短暂的不适应和要与爸爸在一起生活，没有出现任何症状。这在现实生活中是完全不可能的，尤其是孩子的爸爸在此之前，和孩子相处的时间一年中加起来都不到一个月。

但这部剧确实也提醒了大家,要留意家长的心理健康对孩子的影响。平时我在育儿咨询里遇到的受困于"孩子的问题怎么都改善不了"这个问题的家长大致可分为两类:一类是"自我放弃"型,一类是"推卸责任"型。

自我放弃型

有位妈妈向我咨询,说孩子总是尿裤子,本来早就完成了如厕训练,可孩子还是会这样。为此,她打也打了,骂也骂了,却怎么都不管用,真是要被气死了。

我了解完情况后,发现孩子的如厕训练是在一岁半以前。这个年龄段的孩子根本无法控制自己的膀胱和括约肌,让自己产生自主排便的意识。更多的是大人一遍遍催问,瞅准时机强制让孩子坐在小马桶上排便、排尿。看似完成了如厕训练,实际上,孩子只是模仿了这个行为,并没有真正发展出这种能力。

结果孩子三岁多时,二宝出生了,老大本来心里就不平衡,又加上家人对他的忽视和责骂,孩子就会出现明显的退行:三岁半的孩子,行为和一岁多的孩子差不多,会赖在地上爬、吮吸手指,甚至还会尿裤子。

孩子这样做不仅是在试图让大人关注自己,而且是在表达自己的愤怒,用尿裤子这种方式来攻击父母,而大人的应对方式却只有打骂。

第一章 关注宝妈心理：每个全职妈妈，都是铁血真"汉子"

我和这位妈妈聊了很久，最后我发现，这位妈妈从小也是家里的老大，她还有个弟弟，弟弟出生后，她也被严重忽视，导致她一直缺乏安全感、脾气暴躁，常常会因为一点小事就崩溃、炸毛。

最后，这位妈妈说："我是没办法了，我这辈子就这样了，但我不想让我的大儿子也和我一样。"我说："如果你想改变大儿子的状况，你就必须先理解他、接纳他。但你要同时面对两个孩子，你能感觉到你的情绪能量是不够的。你需要先解决自己的问题，然后才能真正帮助到孩子。"

但这位妈妈反复表达："我不行，我改不了了，我就这样了。看心理医生我没钱；找朋友聊，又没人懂我；看书也没时间；老公比我还暴躁，更不用指望了。"总之，她就是认为自己改变不了了，但希望我能有个绝招把她儿子变好。对此，我也很希望自己有魔法，这样我就不用每天坐在家里码字了，仙女棒一挥，我就能赚钱，那多棒啊！

推卸责任型

向我咨询的人中，百分之九十九都是孩子的妈妈，孩子的爸爸只有两三位。妈妈们最常说的一句话就是："我真拿孩子的爸爸没办法，说了他也不听，就是固执己见。"

育儿观念产生冲突是非常正常的，毕竟你也无法保证自己的育儿观念不会随时间的改变而发生改变。科学一直在发展，没人敢说自己已经掌握了真理。如何面对冲突，以及如何维护彼此的关系，这是很多人迫切想解决的问题。

曾有妈妈来咨询，说孩子的爸爸太暴力了，经常打孩子，她觉得这样很不好，但不管她怎么说，孩子的爸爸就是不听，还觉得她是被网络上的育儿专家误导了，并且恐吓她，说，如果孩子不打不骂，以后杀人放火，她能承担得起后果吗？

其实她的孩子特别乖，已经乖到有点怕人的地步了。因为孩子的爸爸长期使用暴力，孩子越来越畏缩，不愿意和其他小朋友玩，经常半夜做噩梦哭醒。

这位妈妈一开始咨询时显得很无助，仿佛她老公就是个恶霸，欺压着她和孩子。但仔细听她说完后，我发现，其中她也有很多无意识配合的部分，比如孩子被打时，她会在旁边看着或者干脆避开。我问她是否也被老公打过，她回答说没有。她老公只是脾气大时会大吵，但从没对她动过手，不过，孩子被打时她没有一次制止过。当我问她是否思考过自己的婚姻及家庭生活的质量时，她沉默了一会儿，说："总不能离婚吧？"我没有回答。然后，她又说了很多她老公的优点——不抽烟、不喝酒、不出去鬼混、工资上交，总之，刚才她口中的那个恶霸又变成了一个只是脾气有些差的好老公。结尾时，她又问："粽子妈，那你说孩子现在这样，我该怎么办？"

因为家庭暴力而使孩子的心理健康受到影响，父母有着不可推卸的责任。我记得曾经某个博主因为老公打孩子的头，她直接

把老公的手打了回去。

上述案例中爸爸暴力，妈妈懦弱，既然来咨询我的不是爸爸，那我只能给妈妈提出解决方案："好好反思一下你的婚姻，你想给孩子营造怎样的家庭环境，以及这样的情况持续下去，孩子将来会发展成什么样，后果你是否承担得起，而不是一味地说'我老公不改变，我能怎么办'。"

其实，承认自己心理有问题或存在性格缺陷根本不是什么可耻的事情，毕竟大家都不完美。既然我们都有问题，那需要做的就是我们要去认识并修正它，而不是说"我就这样了"，或者持有"对方就那样了，我也没办法，我只希望我的孩子以后不要有问题"的思维习惯，这样孩子很难不出问题。

当然，在承认自己有问题这一点上，人都是有羞耻心的，所以，做人先脸皮厚一点吧，适度的脸皮厚也是保持心理健康的关键因素。

2

第二章

亲子关系：

不说"我都是为了你"，是为人父母的基本准则

事实上，我们每个人都是"带病生存"的，每个人都有创伤，无论你是否还记得，它都会反映在你的待人接物上。

追求完美的人生本就是不现实的。我们无法拥有完美的人生，同样，我们也无法为孩子定制完美的人生。完美并不重要，在养育孩子的过程中不断地修正自己，然后变得越来越好，这才是最重要的。

不说"我都是为了你"，
是为人父母的基本准则

2019年三八妇女节时，papi酱（本名姜逸磊，中国女演员）发了一条视频，我总结了一下中心思想：当父母对孩子说"我所有的付出都是为了你"时，孩子能感受到的不是感动，而是压力，他们会觉得父母人生中所有的不幸都是自己带来的。

我觉得papi酱说得还是太含蓄，实际上，当父母日复一日地重复"我都是为了你，要不是为了你，我早就怎么样了"时，子女除了有负罪感，更多的是愤怒。父母对我们说过的话，我们也会返还给父母：如果你过不好，我就不幸福。意思就是说，如果我不幸福，也全赖你。

其实，就算你把papi酱的这段视频发给父母看，他们也不会有什么实质性的改变。就好像从出生起就被关在铁笼子里的人，习惯了靠做苦力来换取食物，当他活到五十多岁时，你突然告诉他放他出来，给他钱，他可以自由地去买任何他想吃的东西，你

第一章 亲子关系：不说"我都是为了你"，是为人父母的基本准则

以为他会欢天喜地吗？不，他不会相信，甚至等他真的走出笼子后，反而会感到惶恐不安，求着要回去。

"我都是为了你"或"为了孩子砸锅卖铁也要这样办"这样的表达，传递的不是爱，而是道德绑架、情感勒索。父母反复向孩子描述自己的辛苦，实际上是在索要回报。这种回报不一定是金钱，而可能是索要情感上的补偿，即你要安慰我、心疼我、认可我，更有甚者，还想要孩子用无条件的服从来交换。

这样的表达方式太常见了，以至于大家都觉得很正常。但孩子心里不爽，他们就忍着吗？当然不是。孩子会在潜意识中另辟蹊径地来反击这种情感勒索，最常见也最好用的方法就是把自己毁掉。为什么呢？因为只有自己干啥啥不行、要啥啥没有，父母才无法从自己这里索取。

你让我好好学习，行啊，我每天都坐在那里看书写作业，不到半夜十二点不睡觉，但一考试就考砸，你能说我不听话吗？我听话了，但结果不如你所愿，那也不是我能控制的。选专业、选工作、选对象、结婚生子，我每件事都听你们的，因为你们为我付出了那么多，你们为我好，你们的选择一定是对的，所以我听话。结果工作不上不下，跟伴侣无话可说，带孩子也各种问题，生活过得符合父母的意愿，自己却如同行尸走肉一般。

父母嘴里所说的"为孩子付出，就是希望子女过得好"，其实也并不完全真实，因为孩子长大成人后一定会远离父母，去追寻属于自己的生活，这时父母就会对孩子产生"分离焦虑"。这

里的分离，不一定是住得有多远，而是心理上的距离。孩子的心一旦离巢，那些一辈子都在为孩子奉献、为孩子而活的父母，瞬间就会失去生活的意义。所以，那些嘴里不断说自己为孩子付出就是希望子女过得好的人，其实并不希望子女"过得好"，因为孩子过得好就意味着分离。

而孩子一方面想要和父母分离，另一方面又要用毁掉自己的方式来攻击父母，但在攻击父母的同时，也满足了父母永远不和孩子分开的愿望。因为，一个连自己的生活都需要父母接济的人，又如何能做到真正的独立？在这个心理游戏中，没有真正的赢家，因为大部分人都是这样过来的。因此，衍生出许多用来说服自己浑浑噩噩将就过完一生的说法。他们会把这说成是亲情，是家的温暖，是"父母在，不远游"。

人的本能就是去探索、去发现新的事物。小孩子对任何事物都充满好奇心、求知欲，而只有受了重伤的鸟才无法飞离巢穴，就像心灵被"爱"和"亲情"捆绑的成年人，他们把自己的世界限制在井口那么大。

有些二十出头的年轻人活得很迷茫，他们不知道自己要做什么，更不知道自己喜欢做什么。他们从没想过自己活着的意义，生活也没有目标，只是过一天算一天。大家都结婚了，那我也结婚；大家都生孩子了，那我也生孩子——这就是长期被剥夺选择权、自我被压制的结果。请不要把这种状态说成是成熟，是适应社会，更不要说成是"传统"。

对于已经成年的人来说，改变是困难的，也是需要花费很多时间的。因为他们从小到大听惯了那些言论，习惯了那样的思维模式，即便他们接触到一些新的信息，知道自己有更多的选择，也不是一下子就能做出改变的。

长久的情感勒索和道德绑架让很多人失去了"走出去"的能力，而恢复这种能力就需要不断练习，这就像一个长期卧床的人，要练习下地走路一样。但只要你有了这样的意识，并坚持练习，总有一天，你也能重新站起来。还是那个原则：如果你是单身，那无所谓，你想怎样都行；但如果你有了孩子，你就需要考虑这样的人生态度对孩子会造成怎样的影响。

不被"看见"的孩子，一生都在找寻安全感

有朋友跟我说，父母那代人大都忽略了孩子的心理状态，他们一直都是"我觉得你应该怎样你就应该怎样"，从来不会站在孩子的角度考虑问题。他们觉得大部分父母都是这样养孩子的，这样做肯定是对的，其实并不是这样的。大部分父母确实都是这样带孩子，但大部分孩子都只是生理上"长大了"，心理上并没有健康地长大。

为什么现在患有社交恐惧症的人那么多？为什么不懂得如何处理亲密关系的人那么多？为什么不会爱、不懂爱的人那么多？为什么很多人都缺乏安全感？其实，这些问题的存在并不是偶然的，而是我们幼年时在与父母的互动中就已埋下了隐患。

父母那代人对孩子的忽视大多是直接的、不加掩饰的，比如，一些妈妈在孩子出生没多久就被迫回去上班，把孩子放在家里用被子围起来，以防孩子掉下床，孩子哭闹根本没人回应。有

的妈妈则是将孩子交给老人抚养，自己一周甚至一个月才去看一次孩子，等孩子读初中或高中了，才把孩子接回自己身边。

然而，最适合婴儿健康成长的环境是一直有妈妈的陪伴。当妈妈无法履行母亲的职责时，最好能有一个稳定的抚养人来代替，成为孩子心理意义上的妈妈。而很多孩子的妈妈虽然一直在场，甚至照顾孩子也很辛苦，但孩子却依然没感觉到被回应，这是因为妈妈看似在忙着照顾孩子，其实她根本没"看到"真实的孩子。

经常会有新手妈妈来咨询，说自己被养育孩子的琐事折磨得很痛苦，甚至已经影响到自己的身体健康了。而当妈妈处于这样的状态时，孩子往往也会变得特别难带，因为越小的宝宝越和妈妈"心灵相通"。他们虽然不会说话，也听不懂妈妈在说什么，但他们对妈妈的情绪极其敏感。如果妈妈情绪不好，他们也会表现得很烦躁。

在可可还没满月时，我也曾经历过这样一段"看不见孩子"的时光，现在回想起来依然觉得那是一场灾难。刚出院时，因为喂奶不顺利，我几乎每天都在哄睡和喂奶，加上产后伤口的疼痛、腰痛、宫缩痛和出汗，整个人变得异常烦躁。那时，可可经常哭，他一哭，我就给他喂奶，但有时他并不是饿而是困了，或者只是觉得躺着的姿势不舒服。我这样一个经过培训的心理咨询师，那会儿居然也像"瞎了"一样，"看不到"孩子的反应，哪怕他拒绝我，我也硬要给他喂奶。

那时，我觉得除了喂奶能让他止住哭泣，就再也没有别的办法了。我根本无法忍受他多哭一声。他每一声哭泣都像是绝望的求助和控诉，控诉我不是一个称职的妈妈。

我经常还会在他睡着后去摸他的手、他的脖子，担心他会冷，给他盖小被子，过一会儿又觉得他可能会热，又把被子拿掉，反反复复地折腾。

这样的状态不是在某一天奇迹般地就好转了，而是经历了漫长的过程。在这段时间里，我疯狂地学习各种育儿知识、婴儿护理知识，其中许多知识都是很实用的，也能够真正缓解我的焦虑。但对我来说，真正让我慢慢从这种抓狂的状态中走出来的，是时间。

可能我的求生欲和求胜欲比较强，因此，我没有被这种像海啸般涌来的情绪彻底打垮，而是选择用不断给自己打鸡血的方式让自己挺过去。现在回想起来，那段日子真是不堪回首。我就像一个精力耗尽的人，不断地借助外力以让自己努力奔跑。

对我来说，真正的治愈始于可可一岁后。那时，我重新拾起了心理咨询师助理的工作，有了自己的时间，于是，我开始慢慢回想过去的一年里我到底经历了什么，并思考怎样才能让自己逐渐放松下来。

我想说，很多人之所以做不好妈妈，是因为她们没有过被照顾得很好、被回应得很好的体验。这不仅是要你"无中生有"一些能力，还要求你能克服自身原有的关于母婴关系的创伤。而过

去的妈妈如果孩子带得不好，可能只有她和她的家人知道，但现在网络如此发达，你在网上随口抱怨一句，就可能会有一群人冲出来指责你孩子带得不好。

现在的妈妈面临的舆论压力要比以前的妈妈大得多。不上班，说你不挣钱；上班了，说你当妈不称职，就算周围人足够包容，很多妈妈心里也会觉得自己亏欠了孩子和家庭。

对孩子来说，妈妈的回应固然重要，但如果你暂时没有这样的能力，就请不要苛责自己。你应该把更多的注意力和精力放在自己身上，而不是孩子身上。我知道这很难，因为你认为孩子才是最重要的，但对孩子来说，你才是最重要的。如果你想提供给孩子更好的爱，就必须先学会好好爱自己。

最后，我想引用心理学家马斯洛的一段话：一个爱的需要在其生命早期得到满足的成年人，在安全、归属以及爱的满足方面，比一般人更加独立。正是那些坚强、健康、自主的人最能经受住爱和声望的损失。

不论我们承不承认，
母婴分离都会带来创伤

几个月前，我在曾奇峰老师的微信公众号上看到一篇讲述"母婴分离对孩子的影响"的文章。里面有一个非常引人注目的结论："对三岁以内的孩子来说，单次和妈妈（主要抚养人）分离超过两周，一年内累计分离超过两个月，他们就可能会产生不可逆的心理创伤。"

刚好那段时间有读者问我，自己因为工作要调去外地两个月，一个月最多回去一次，孩子现在一岁半，不知道这样做会不会伤害到孩子。其实我很想告诉她，没事的，只要你们安全感的基础好，就不会出问题，但我犹豫了一下，还是把这篇文章发给了她。

武志红老师的一条微博曾引发了一场口水仗，原因是这条微博提到母婴分离会给孩子带来不可逆的创伤。而网友骂他是觉得他的这一言论绑架了女性。很多女性愤怒地质问："爸爸就不用

担负责任吗？为什么孩子出了问题都是妈妈的事？""你这样是逼着女性退出职场。"……武志红老师也挺冤的，因为这个结论不是他独创的，他不过是分享了一个心理学界公认的经典理论。

我想，大家对"两周、两个月"这样的数据的反应和我第一次看到时是一样的："这么精确吗？这是怎么得出来的？"在此，我先借用曾奇峰老师的方法，给大家介绍一下这个结论是怎么得出来的。

第二次世界大战期间，英国政府为了避免儿童遭受空袭的危害，就把他们转移到了安全的地方。这就意味着孩子要离开父母，而这些孩子都是有详细的文件记录的。战后，科学家通过研究发现，那些当年离开父母的低龄儿童和父母住回一起后，比没有和父母分离的孩子发生行为问题的概率更高。

因此，科学家分析，上述结果可能是孩子在离开父母后，安全感被破坏造成的。著名精神分析学家温尼科特在自己的书中专门用一套公式来表示：母亲和孩子分离的总时间$T=X+Y+Z$。

X是母亲在孩子心中可以持续存在的时间。在这个时间内，婴儿不会受到伤害，但超过这个时间，孩子心中母亲的感觉就会渐渐消失，婴儿使用想象的能力也会停止。而根据婴儿年龄、妈妈和婴儿的关系等来分析，每个孩子的X值都有所不同。

$X+Y$是超过婴儿承受能力的时间，婴儿会感到苦恼，但妈妈回来后会立刻得到改善，不会造成太大的影响。

$X+Y+Z$是虽然妈妈回来了，但婴儿已经遭受了创伤，并且无法弥补。而在孩子和母亲的关系中,有三个特征是必不可少的:一是连续性,尤其是对低龄孩子而言;二是可靠性,妈妈一定要给孩子一个稳定的外部环境;三是随着孩子逐渐长大,妈妈可根据其适应性,适当延长和孩子分离的时间。

我想大家最纠结的是:为什么非得是妈妈?我举例说明一下:如果婴儿在出生时妈妈就意外去世了,他由很有爱心的爸爸抚养长大,可即便如此,孩子的心理状态也一定和妈妈没有去世是不同的。

胎儿在妈妈肚子里长达十个月,这种共生的状态是任何关系都无法替代的,因为只有妈妈能怀孕、生宝宝。也许等哪一天人造子宫普及了,女性不用经历怀孕、分娩的过程了,那么,这个理论才会有所变化。

不过,还有一个疑问:如果妈妈状态很不好,对孩子也完全没有爱,或者患有严重的产后抑郁,无法回应孩子,那是不是由别人抚养,对孩子来说会更好一些呢?

这也并不是说孩子就不需要妈妈了,最优选项永远是有一个能正常回应孩子、给孩子爱的妈妈。如果无法满足这样的条件,当然是有好的替补对孩子来说更重要。

其实女性的愤怒也是可以理解的,她们骂武志红作为一个没有孩子的男人,说这种话是"站着说话不腰疼"。可可一岁前我全职在家带他,那时,我的经济很窘迫,甚至要靠爸妈的接济才能勉强过得舒服一点。我很想赚钱,但每次我都说服自己:好好

养育孩子才是目前最重要的事情，比赚钱更有意义。

不焦虑是不可能的，那段时间我经常焦虑到剧烈头痛，一到睡觉时间就浑身起荨麻疹；双十一为了省钱，困得要死也坚持定闹钟起来抢打折纸尿裤；给自己买东西自然是舍不得的，只能安慰自己：反正是哺乳期，也穿不了其他衣服，就在淘宝上买四五十块钱的哺乳衣，穿坏了也不心疼。我知道有很多新手妈妈的状况比我还惨，在这样的状况下难免会心生怨言，不过，这些情绪也不该由孩子来承担。

有些妈妈在不了解这一理论的情况下，和孩子已经有较长时间的分离了，这时，她们也难免会自责、内疚。但无论是陷在这种情绪里自我攻击，还是因为无法接受这个事实而怨天尤人，都不是最重要的。学习心理学理论是为了让我们能更加科学地养育孩子，如果已经造成了创伤，那我们就尽力去弥补，尽力抽出时间多陪伴孩子。

孩子会在经历严重的分离创伤后对主要抚养人产生态度上的变化，最初可能是冷漠，之后可能还会有愤怒。如果妈妈在孩子一岁时离开，到孩子四岁时才重新和孩子生活在一起，那孩子在和妈妈重新相处一段时间后，可能会表现出一岁时的行为举止，而出现这样的"退行"正是疗愈孩子的好时机。

我们可以这样理解，如果孩子在某个时期经历了严重的心理创伤，那他心智的一部分就会永远留在那个时期，直到有足够安全的环境，帮他重新唤起那段潜意识里的记忆，让他的整个身心都回到那段时间，然后再被重新养育一次，如此，孩子才能被最大限度地治愈。

我们无法接受这一观点的原因是我们太追求完美了。我们觉得，如果有人说我们给孩子带来了创伤，那似乎就是在指责我们很不称职。事实上，我们每个人都是"带病生存"的，每个人都有创伤，无论你是否还记得，它都会反映在你的待人接物上。

追求完美的人生本就是不现实的。我们无法拥有完美的人生，同样，我们也无法为孩子定制完美的人生。完美并不重要，在养育孩子的过程中不断地修正自己，然后变得越来越好，这才是最重要的。

我的目标是
尽量不给孩子添堵

这个标题看似特别卑微,实际上是对家长过度自信的提醒。尤其是在教育孩子这件事情上,家长总觉得自己很厉害,其实我们真的需要谦卑一点。这个谦卑不是指要虚心学习育儿方法,而是指要对孩子谦卑一点。

周六,可可所在的幼儿园为六一儿童节举办活动,孩子们玩得很开心,妈妈们拔河、跳绳、抬轿子,简直累惨了。最后,老师给每个孩子都发了一个风筝,要求手绘。那时,已经是下午两点多了,我累得只想赶紧回家睡觉,想着风筝回去再画吧。

结果有四五个小朋友已经把风筝铺在地上开始画了,可可自然也加入其中。可可画画一直走的是"抽象派"路线,白雪公主的红嘴唇涂得像被糊了一个西红柿,睡美人干脆浑身都是一片红,整个场面就是:灵魂画手和他的血腥公主们。

好不容易画完了,我想着该回家了吧,结果他还要去放风筝。那天西安37℃高温，室外的活动场地一点儿树荫都没有，简直暴晒，我实在是不想出去，劝了半天，无果。最后我说，就放五分钟，可可高兴地答应了。

结果还是出了岔子。老师给的风筝缺了一根风筝骨，导致风筝缩在一起，根本不能飞。我以为这下就有理由回家了，结果可可先是生气，表示："不行！我就要放风筝！"我一遍遍地解释这个风筝飞不了。他越听越生气，最后"哇"的一声大哭起来。

姥姥想安慰他，带他去洗脸，结果他不小心撞到柱子上，哭得更可怜了。我过去把他抱起来，没有说话，先默默地抱了他一会儿。等他情绪平复一些后，我跟他解释为什么不放风筝。结果，我刚开口，他又开始号啕大哭。那一刻，我真想吼他："那你哭吧！我不管你了！"大家知道是什么让我冷静下来的吗？是在场围观的人。那时，大概有三四个妈妈还没走，大哭已经够引人注目的了，再吵起来的话，我脆弱的内心可能承受不住这么多的关注。

不过，就在我因为怕丢脸而强忍着不吼他时，我也慢慢恢复了理智和同理心：孩子很想放风筝，这时突然发现风筝是坏的，肯定很崩溃。他不是不明白风筝为什么不能飞，只是在情绪上无法接受这个事实。这时，他需要的不是我一遍遍地告诉他这个事实，而是需要情绪上的安抚。

我深呼吸了一下，问可可："是不是风筝不能飞了，你很伤心？"可可大概感觉到被理解了，一边点头，一边又哭了起来。

我说:"那妈妈先抱你一会儿好不好?"可可点点头。我一边给他擦眼泪,一边安慰他说:"哦,风筝不能飞,宝宝伤心了,委屈了。"

大概哭了五分钟,可可停下来了。我说:"那我们现在要不要讨论一下这个事情有没有什么解决办法呢?"可可说:"不要,我还要你再抱我一会儿。"于是,我又抱了他一会儿。等他彻底平复了以后,我说:"我有两个方案:一,你去问问别的小朋友,愿不愿意把他们的风筝借给你玩一下;二,我们把这个风筝带回家,把家里的风筝骨换到这个风筝上,这样就可以飞了。"

刚开始,两个方案可可都不同意,让我继续想。我说,我实在是想不出别的办法了,我问他是否还有解决办法。可可眼睛、鼻头都还红着,眼里还有泪光,但他突然就切换了情绪模式,特别认真、激动地说:"我有一个好主意!我们可以回家,把家里那个风筝的风筝骨换到这个风筝上,我就可以玩了!你说,我这个主意好不好?"我连忙回应:"真好,真好!"而我内心在想:"这不就是我刚才说过的吗?"

其实,我憋着火抱着可可直到我冷静下来的那几分钟,忽然醒悟到:我们自己都是普通人,就不要指望能给孩子多少人生的指引了,不给孩子在成长道路上添堵就已经很不错了。

有一次,我和我妈聊到钢琴天才郎朗,我妈说:"是郎朗的爸爸成就了他,要不是他爸当年逼他练琴,怎么会有这样的钢琴天才出现。"我说："你的逻辑不对。郎朗能成功，主要是因为他有天分。试想一下，如果郎朗的爸爸不是用极其严苛的方式教育他，给他造成那么大的心理负担，而是尊重他、引导他，也许他会比现在更优秀。"

郎朗在自己的回忆录中描述过父亲对他的要求："要么当上成功的钢琴家，要么就去死。"

郎朗的爸爸一定是一个对自己的教育理念极度自信的人，他一定觉得儿子能有这样的成就都是因为他的严格培养。

我们能够欣赏到顶级的钢琴演奏固然很好，但当郎朗暮年回首自己的一生时，他真的愿意用痛苦的童年来换取这样的成就吗？心理学家阿德勒说："幸福的人，一生都被童年治愈；不幸的人，一生都在治愈童年。"

有的家长以成就论英雄，其实是在物化孩子。孩子是人，是独立的个体，他的喜、怒、哀、乐都需要被看见、被尊重，而不是为了实现爸妈既定的目标，就丧失对人生的自主权。

有人会说孩子懂什么，怎么知道什么是好的，肯定要家长给他规划啊！有这种想法的家长真是太看得起自己，太小瞧孩子了。首先，如果我们自己都没能登上人生的顶峰，哪来的自信保证自己教给孩子的就是正确的、好的？其次，只要你带孩子接触了足够多的信息，孩子就会从中选择最好的、最适合自己的，这是生物趋利避害的本能。

有一句很流行的话："我很羡慕那些从小就生活在幸福家庭

里的孩子，因为他们见过什么是好的，所以一眼就能辨认出来，身上流露出来的那种自信和安全感是模仿不来的。"希望我们的孩子也能带着坚实的自信和安全感进入社会，我们能做的就是尽量不要给孩子"挖坑"。

孩子入园，
你焦虑了吗

孩子第一次走进幼儿园，也是爸妈的焦虑和疑惑最多的时候。总结一下，大概有以下几个问题：

1.分离的时候孩子一直哭怎么办？

2.孩子不适应幼儿园的生活怎么办？

3.孩子在幼儿园和其他小朋友发生冲突了怎么办？

我觉得对于这三个问题家长不必纠结，因为正常情况下，这些事一定会发生。上幼儿园完全不哭的孩子几乎不存在，一去幼儿园就很适应的孩子也不存在，完全不和其他小朋友发生任何冲突的孩子就更不存在了。因此，除了分离焦虑严重到持续做噩梦被惊醒的极端个例，绝大多数家长需要做的就是要给孩子足够的时间去适应，并且懂得在这个阶段如何与孩子相处。

开学第一天，孩子在教室里哭，家长在教室外哭。有的家长哭完就没事儿了，虽然有点担心，但还是能继续自己的正常生活。而有的家长则会一直陷入这种焦虑的情绪里无法自拔，甚至还会想象孩子在幼儿园里是不是过得很惨，哭也没人管，可能会被老师凶，被同学欺负，吃不饱，睡不好。

后半部分自己脑补的内容和孩子没有任何关系，而是家长的分离焦虑太严重，产生了一个可怕的预想：孩子离开我，到了一个新的环境，一定很痛苦。而这样的预想其实反映了两个方面的问题：一，家长低估了孩子的适应能力，认为孩子离开自己的照顾会很难生存；二，家长觉得离开孩子是一件很可怕的事。其实真正处境糟糕的不是孩子，而是家长自己。

分离焦虑严重的家长，最大的特点就是会习惯性地投射不安和恐惧到孩子身上。比如入园这件事，对三岁左右的孩子来说，一定是需要时间去适应的。孩子会哭，会觉得离开家长心里难过，会觉得食物不可口，幼儿园的小床睡着不舒服，这些都是可能会出现的，但这并不代表孩子会被这些事情击垮。相反，孩子的适应能力是很强的。在你怀里哭得上气不接下气的孩子，可能在离开你不到十分钟的时间就全身心投入游戏里了。

而真正觉得这是灭顶之灾的，是家长自己。我常说家长要与孩子共情，但在这种情况下，家长做的往往不是共情，而是"投射"。投射是指把自己的感受当作是别人的感受。其实，过度担心孩子会离不开自己的家长是有分离创伤的，不是孩子离不开他，而是他离不开孩子。

这些感受并不是由孩子上幼儿园导致的，而是很早之前就存在的。你可以回忆一下，自己小时候是否有过长期或者频繁与父母分离的场景；长大后谈恋爱时，是否觉得分手比死还难受，即便你已经不再爱那个人了，你也会因为不想面对分离而一拖再拖。

这些关于分离的痛苦其实早就存在了。孩子入园只是一个小火星，点燃了你囤积已久的"火药库"。这种分离的情形以后还会有很多，比如孩子开始在学校住校甚至出国学习、去外省工作、结婚等。而孩子是很敏感的，他们虽然没有完整的逻辑和认知能力，但他们的感受能力往往是高于成年人的，尤其是对家人情绪的感受。如果家长有严重的分离焦虑，孩子感受到后，他们除了要处理自己的分离焦虑，还会无意识地分出一部分心理能量来处理家长的分离焦虑。

孩子潜意识中处理这种事情的方法是简单而又粗暴的：既然分离很痛苦，那就不要分离了。于是，他会想尽办法不去幼儿园。有的家长甚至很担心孩子在学校会受欺负，于是，孩子就会放大这种受欺负的想法，说得像真的被欺负了一样。当然，这并不是说孩子撒谎骗人、有心计，而是说，孩子之所以这样做，都是家长惹的麻烦。

这就像一个怪圈：你越担心孩子，孩子就越会顺着你所担心的一面表现，进而你就会更加担心。结果可能是，上幼儿园本来没什么，但孩子就是不想去了。

家长通常会很迫切地想知道孩子和老师相处得好不好，其实，这可以通过孩子的描述来判断，或者回放幼儿园的监控。但更重要的是，家长要和老师多交流，亲自去判断老师的状态，并关注其教学理念。其实这些工作应该是入园前就由家长完成的，而不是让孩子去当试验品。如果发现幼儿园老师真的有问题，那就尽快换环境。

总结一下：家长自身的分离焦虑往往比孩子大，而且这种分离焦虑具有破坏性，因为家长很难意识到自己有分离焦虑，而会认为是孩子有问题。所以，孩子去了幼儿园以后，家长应该抽时间好好思考一下，并结合老师的反馈、孩子放学时的表现，以及班里其他同时段入园孩子的总体表现，理性思考一下，孩子的适应水平是否在正常范围之内。

如果孩子是处在正常的适应过程中的，那么，之前的那些担心则是家长自己要解决的事情了，请把注意力从孩子身上收回到自己身上。尤其对全职妈妈来说，孩子上幼儿园了，自己的时间完全空闲出来了，很可能会觉得空虚。孩子入园也标志着妈妈自己的人生要进入一个新的阶段，可以腾出时间和心思好好规划一下了。

当然，有些家长的分离焦虑也源于无法独处，无法思考自己到底想做什么，所以，他们更加无法面对和孩子的分离，因为这样一来他们就要直面那些无法面对的问题。

二胎时代，你需要注意的儿童心理、家庭关系问题

最近几年，生二胎的家庭越来越多了，同时也带来了相关的问题：两个孩子怎么带才好？大家在二胎出生前，对同时养育两个孩子往往都有一些美好的幻想，比如老大会变得很温暖、很贴心，帮助爸爸妈妈分担一些照顾弟弟妹妹的责任，变得更成熟，或者是两个孩子可以一起玩耍，家长只是在旁边看着就好了，等等。

不仅对孩子有幻想，家长对自己也有幻想，他们觉得自己一定能做到公平、公正。其实生孩子本身就是一个巨大的压力来源，新生命所带来的问题很多，尤其对二胎家庭来说，同时抚养两个孩子的压力也是翻倍的。

那么，二胎家庭容易出现哪些问题呢？家长应该如何应对呢？

1.二胎出生后短时间内父母的精力分配

刚生完宝宝的妈妈需要充足的休息。然而据我了解，大部分

二胎妈妈在月子里根本没时间休息。生老大的时候，可能还被照顾得不错，但生完老二后，即便想好好照顾自己也很难做到，因为还有一个上蹿下跳黏着你的老大。

有的家庭会选择在老二出生后，把老大送去奶奶家或者姥姥家住一段时间，来减轻自己的压力，但这样做会让老大的安全感受到很大的影响。本来二宝的出生就会吸引家庭成员更多的注意力，大宝已经受到了冷落，如果此时再把他放在亲戚家，他会觉得自己是被抛弃、被排挤的。

最好的情况是，有充足的帮手来家里帮忙带大宝，无论是双方父母还是请月嫂、保姆，而丈夫在这个时候的作用也是很重要的。由于妈妈刚生产完，身体虚弱、激素波动等情况可能会让妈妈无暇回应大宝，会把更多的精力放在刚出生的二宝身上。这时，爸爸就需要尽力弥补大宝内心的落差感，可以单独带大宝出去玩，这样一方面给妈妈更安静的空间，另一方面也可以给大宝营造出一种"我依然很重要"的感觉。

2.一碗水端平几乎是不可能的事

如何平衡给大宝和二宝的爱是家长最头疼的问题。大部分家长都在努力追求"公平、公正地对待两个孩子"，但实际上家长应该尽早放弃这种幻想，认清现实。

尤其是在二宝还小的时候，他一定会分走父母更多的注意力和时间。一个上了幼儿园的宝宝和一个刚出生的宝宝，哪个更需要妈妈是显而易见的，但妈妈只有一个。如果强求自己做到对两个孩子一视同仁,那么妈妈会被累死,其实,就算把妈妈累死也无法同时满足两个孩子的需求,这时还容易产生内疚感。

实际上,二宝的出生一定会给大宝带来挫折感,这也是大宝作为第一个出生的孩子注定要经历的。只要大宝不会因为二宝在心理上产生"被抛弃感",家长就不必过度自责。你要明白,你是人,不是神,所以不要太苛责自己。

3.做好心理准备应对大宝的"退行"

"退行"是指大宝会突然表现出小宝宝一样的行为和心理特征,并且不是装的,而是真的变成了一个"小宝宝"。

爸妈们可能会觉得生了二胎后,老大会更有责任感、更成熟、更有担当,但在最开始的磨合阶段里,老大容易变得"幼稚"和"蛮不讲理"。然而这并不是孩子在使坏,而是他想要获得父母更多的爱。

好几个妈妈跟我说,生了二宝后,已经断奶一年多的大宝会要求再吃奶,有的孩子是象征性地吃一两口,有的孩子则会真的持续一段时间吃母乳。这就是一个典型的"退行"表现。家长不用紧张,也不用斥责孩子。如果你愿意,就尽量满足他好了;如果你觉得自己实在难以负荷,那就如实告知孩子,在其他方面多给孩子一些补偿,比如拥抱或者只属于他的亲子时光。

退行行为还有很多,比如要坐婴儿车、要家长抱、在地上爬、哭闹等,爸妈们需要提前做好心理准备。

4.夫妻感情面临更大的挑战

第一个孩子出生后，夫妻感情通常都会受到很大的影响，其中有好的影响，也有坏的影响。二胎的出生也一样会对夫妻感情产生影响。两人相处的时间会被进一步压缩，聊天的机会变得越来越少，聊的内容大部分也都是和孩子有关。

二胎的出生还会给家庭带来新的经济压力，对大部分家庭来说，这是实实在在的影响。人们在经济窘迫时，安全感也会受到影响，尤其对刚生完宝宝的妈妈来说，这种影响更加明显。自己短时间内无法工作时，就会对另一半有更高的期望。有的爸爸能化压力为动力；有的爸爸则会被压力压垮；有的更是直接当了逃兵，干脆去外地长期出差，假装自己还没有当爸爸。

影响夫妻间感情的因素有很多，千万不要把孩子当作夫妻感情的黏合剂。有的人当初结婚时就不幸福，还傻傻地想：也许生个孩子就好了。结果，生了孩子以后，两个人的感情变得更不好了，于是又傻傻地想：也许再生一个就好了。其实这根本不是生不生孩子的问题，而是你们两个人到底合适与否的问题。日子过得是否幸福，只有自己最清楚，千万不要让孩子成为自己婚姻的祭品。

一度有新闻说，中国的结婚率已经创十年新低，我觉得这是件好事，说明大家对结婚、生育变得更加谨慎和重视了，充分思考过后的婚姻和生育对孩子来说也是更负责任的。有些妈妈的确很喜欢孩子，也有能力给孩子提供稳定的成长环境，生二胎完全没问题；而有的妈妈则觉得自己的精力只够抚养一个孩子，或者并不是很享受生育、抚养的过程，因此，选择不生孩子或者不生二胎，也很正常。

生育是女性独有的权利，也是一项极为私人的选择，希望大家都能遵从自己内心的意愿，不被他人的观念所绑架。

替受欺负的孩子出头，
你问过他的意见了吗

有一天，我和可姥姥一起去幼儿园接可可。放学后，他和其他小朋友在阳光房玩，还拉着我一起玩。他用两个弯曲的木板拼成一个"船"，让我和他一起坐在船里。因为我"体积"太大了，所以我这边的"船"没办法闭合，另一个小朋友就用方块积木帮我盖了一个"门"。

天快黑了，幼儿园要闭园了，老师告诉小朋友要把玩具归位。可可很积极地把玩具归位。自己的弯板归位后，他拿起积木准备归位，这时，摆积木的小朋友不乐意了，说自己还要玩。可可很坚持："不行！老师说了要归位！"两人互不相让，吵了两句就动手了。我和这个小朋友的妈妈赶忙把他俩拉开，两个宝宝都哭得很委屈。

这时，老师过来了，大致询问了情况，然后对两个小朋友说："我们今天需要处理一下这个事情哦。"另一个小朋友情绪平静了下来，可可还是很激动，哭喊着要回家，不让我抱，气呼呼地一边哭一边往幼儿园门口走去，快走到门口时，被一个大班的小哥哥又给领了回来。

这件事情处理到晚上七点半才结束。老师做的事情其实非常简单：她让两个小朋友分别叙述发生了什么，两人描述不一致的地方再反复核实，最后还原一个他俩都认可的事实，再进行责任划分。比如，可可想要提醒小朋友归位玩具是可以的，但只需要提醒，不需要代替对方行动。而对方小朋友可以拒绝可可的"强行帮助"，但是不可以动手。

最后两人互相给对方道歉，也询问了对方是否愿意接受自己的道歉。和解以后，两人开开心心地走了。

可可因为情绪不好，所以解决问题时让我陪在他身边。我坐在旁边，看着他们和老师一起解决问题。另一个小朋友的妈妈则坐在三四米开外，拿出手机不时地给他俩拍照。遇到特别搞笑的地方，我俩就相视一笑。

我也觉得很幸运能遇到一个和我同样淡定的妈妈，才让那天的事情没有进一步激化。

可可不到三岁时，有一次去宜家玩玩具。有个小妹妹也想玩他手中的玩具，可可不愿意，因此两人发生了一些冲突。我很怕可可会伤到那个小妹妹，于是赶紧把他拉开，告诉他不可以这样。小女孩的奶奶用厌恶的眼神瞪着可可，还说了一些不好听的话，可可大哭。我选择把可可抱走，安抚他，并没有和那个家长

第二章 亲子关系：不说"我都是为了你"，是为人父母的基本准则

交流。我当时很气愤，但权衡之下，觉得孩子的情绪更重要，就先躲开去安抚孩子了。

后来这件事被我写进了文章，却也成为有史以来我获得骂声最多的一次。一位男士的留言让我印象深刻，其大致意思是：你儿子霸凌小姑娘，你自己还觉得委屈？换作是我，连你一起打。

联想到前几天看的一则新闻：女儿被同班同学咬了，父亲冲进幼儿园怒扇两岁男童。这名男性狠狠地扇了两岁男孩一巴掌后还想继续动粗，幸好被几个成年人拦住了，场面很混乱。现场十个孩子都眼睁睁地看着这一切，其中也包括这名男性自己的女儿。这件事情对孩子心理上的影响远比自己被咬一口要严重得多。

自己的孩子受伤了，没有父母会不心疼，但是只有生活在真空里的孩子才不会被打，也不会打别人。那些一有风吹草动就为孩子出头的家长，是爱孩子吗？答案并非如此。第一，家长这样的行为剥夺了孩子体验和解决问题的机会；第二，家长失控的情绪和行为本身对孩子就是一种伤害；第三，家长给孩子做出的示范是，可以仗着自己的体力优势和年龄优势去欺负弱小。

那什么时候家长需要为孩子出头呢？我认为是当孩子和与自己能力不对等的人发生冲突时。最常见的就是孩子在学校受到老师不公正的对待，比如被体罚、被孤立、被辱骂时，让孩子自己去对抗老师是不现实的。

再看看这时大部分家长的态度：老师是对的，你是错的，就算老师不对，你也得忍着，谁让人家是老师，你是学生？我高中时就有一个同学的爸爸开家长会时直接当着孩子的面对老师说："这孩子交给你了，不听话你就打，随便打。"说到底，还是小孩子好欺负吧。

当孩子在外面玩儿或者在幼儿园时被其他孩子打了，家长该怎么办呢？应该自认倒霉吗？其实这些疑问的出发点就是错的。这是家长从自己的角度"替孩子"想办法，而不是看孩子自己想要怎么处理。

遇到这种情况，可以先让孩子自己叙述事情的经过，让他自己表达哪里是让他最受伤的。孩子往往最在意的是打架的原因，而不是被打本身。就比如可可和他的同学，可可觉得委屈的是，自己明明是听老师的话在收玩具，为什么那个小朋友要拒绝他。而那个小朋友气愤的是，明明是我的玩具，你没经过我的允许就擅自收走，我很生气。而后面的打架只是顺带的结果，他俩并没有觉得那两下拉扯给自己造成了什么伤害。

比如小朋友的玩具被抢了，让他感到痛苦的是无法守住自己的东西，而不是对方小朋友推了他一下。

如果家长只盯着孩子的行为去看，就像两个人本来在探讨问题，结果一方突然说："你吼我？你凭什么吼我？"至于本来该讨论的问题，早就被抛诸脑后了。很多家长因为孩子起冲突也是如此。他们根本不关心起冲突的原因，以及孩子自己的感受和想法是怎样的，而是一头钻进"你孩子打了我孩子，你们就不对"

这个逻辑的牛角尖里。

成年人往往很难做到就事论事，在这一点上，孩子更贴近事情的本质。我们在看事情时都会自带滤镜，所以，我们更应该多听听孩子是怎么说的，不要借孩子的事情来发泄自己的情绪。如果你察觉到自己很容易进入"受害者""被欺负"的角色，这可能和孩子没什么关系，而是你自己的心结。划清情感边界是有一定困难的，但你可以有意识地多做一些这样的练习，慢慢来，日积月累就会有变化。

妈妈，其实你可以
先抱抱我，再教育我

看了日本乒乓球名将福原爱从小练习乒乓球的纪录片之后，视频中有一段让我印象深刻：三四岁的福原爱输了球，哭着跑到妈妈面前求安慰。妈妈很坚定地说："输了球是不可以哭的，哭是不对的，不要哭了，去给裁判道歉。"这一段看得我心里很不是滋味。

她是幸运的，因为她在乒乓球方面有天赋，也不排斥。同时，我也注意到，她妈妈是有自己的乒乓梦的，所以小爱和哥哥都被送去打乒乓球。我们先不谈结果，因为妈妈送他们去学乒乓球时，也并不能准确地预测到两个孩子是否能够成功，所以单纯从送孩子去学乒乓球的动机来看待，这种做法是不提倡的。因为从那一刻开始，孩子就不再是单纯为自己而活，而是肩负起了妈妈的人生梦想。而孩子天生对父母的依赖和信任，会让他们因为想要讨好父母和害怕被抛弃而逐渐模糊了到底什么是自己想做的，什么是妈妈想通过自己来实现的。

如果你有未完成的梦想，比如跳舞、弹钢琴、画画等，而孩子又恰好在这方面有天赋，那你就要更加小心。即使是同一件事，对你的意义和对孩子的意义都可能是不同的，不能因为你俩有共同的爱好就把你的人生理想和孩子的人生理想画上等号。

小爱妈妈具体的人生理想虽然不得而知，但一定和乒乓球有关。小爱在综艺节目里说过，自己的人生理想就是相夫教子。打乒乓球好吗？好。相夫教子好吗？也好。重点是，家长不能把自己认为的好强加在孩子身上，因为他们有追求自己理想的权利。

探讨完动机，我们再来看看"培养"孩子的过程。

许多人对成功的理解是扭曲的，他们认为一定要逼迫孩子吃很多"苦"，才能成功。练习球技的辛苦和心理上的痛苦可不是一回事，很多人混淆了这两点，甚至更倾向于孩子一定要在心理上痛苦，才能真正成功。

除了福原爱，还有一个大家所熟知的典型就是郎朗。郎朗学习钢琴的过程中，曾因求学受挫而和父亲起了激烈的冲突，至今回忆起来他都觉得难过和心寒，但很多媒体把这种创伤体验和郎朗的成功扭曲为因果关系。就像小爱妈妈训练小爱，很多人下意识地认为因为妈妈很严格，所以小爱成功了。

我们的文化里有很多把痛苦和成功联系在一起的逻辑，这其实是一个巨大的逻辑骗局，比如"吃得苦中苦，方为人上人""严师出高徒""棍棒底下出孝子"。如果我们能诚实地回忆一下自己的成长经历，就会发现，这些论调都不是合理的。更深入地想想，其实这是在给大人虐待孩子找合理化的借口。

我小学学书法时，老师说书法就是"夏练三伏，冬练三九"，确实很辛苦。当时有一位年轻的男老师很有爱，夏天的下午，我们在没空调的教室里站着练书法，他怕大家热，就挨个给大家用毛巾擦脸。因为怕我们中暑或者下午犯困，他还在脸盆里滴了几滴风油精，虽然这个方法没有科学依据，但每一个被擦脸的孩子都笑得特别开心。

让我对书法感兴趣，并愿意继续学，而且至今回忆起来都觉得美好的，并不是那些吃过的苦，而是在不得不经历辛苦时，老师给予我们的发自内心的关爱。

当然，不是说小爱的妈妈没有给过她温暖和关怀，而是说，小爱能成功绝对不是因为那些"受虐"的经历，那些反而会成为她的阻碍。如果妈妈能够在小爱哭着来寻求安慰时先抱抱她，摸摸她的头，说几句理解她的话，再让小爱去给裁判道歉，也许小爱会成长得更快。

人性有时会把自己渴望而得不到的东西扭曲为不想要，或者直接说那是不好的。比如人天生渴望被爱与理解，但当我们幼年时的渴望没有被满足时，我们就会在教育自己的孩子时说"惯子如杀子"。很多叫嚣着千万不能溺爱孩子的人，当你问他到底怎样才算溺爱，有没有见过被他所理解的"溺爱"毁掉的孩子时，他是答不上来的，因为他根本没认真思考过这个问题。这些人多

半是把理解孩子、尊重孩子等同为"溺爱"。

还有一部分"虎妈""狼爸",则是把虐待孩子等同为"为了孩子好"。有段时间很流行一句话:"要感谢你的仇人,是他们让你成长。"过了一段时间后,大家才反应过来:我为什么要感谢我的仇人?我要感谢的是我自己,感谢自己没有被那些恶意打败,感谢自己从中学习和成长,这跟仇人没半点关系。

我们大部分人都处在某种程度的"斯德哥尔摩综合征"中而不自知。受虐久了,即使给你真的、好的爱,你都不适应,反而一再地追求痛苦,也会一再地给别人施加痛苦而不自知。

从我们的爱情文学作品里就可以看出来,大部分都是虐恋,不能好好地恋爱,男主角、女主角动不动就要整出一些"我是为了他好才离开他"的梗来,非要误会、痛苦个十几集,才在大结局前冰释前嫌,导致很多人都抱着这样一个幻想:只要我坚持下去,总有一天对方会好好爱我的!总有一天孩子会明白我的良苦用心的!

痛苦就是痛苦,也许你能从中提炼出人生的意义,但请千万不要扭曲自己的体验,硬把痛苦说成是爱的体现。

教育孩子是一件特别危险的事情,因为孩子是绝对的弱势群体,几乎没有任何反抗能力,更没有反抗意识。如果你长年累月地对孩子说"我是为你好",没几个孩子会质疑,而这时就更考验我们自己的定力了。

谁不是一边爱孩子爱到死，
一边又想把孩子扔了

和怀孕的发小聊天，得知她8月份就要生了。她说她现在有点后悔要小孩了，因为想到生下来以后就是漫长的"服役期"，就觉得心好累，而且至少要养到十八岁，如果是男孩，还要考虑买房、娶妻的问题。我说："你后悔得有点早，孕期的后悔不算是真正的后悔，生完以后才是痛彻心扉的后悔啊！"

说完这句话，我俩在群里哈哈大笑。她又补充了一句："我老公前阵子对我说，他想了一下，如果不要孩子，我们俩过一辈子也挺好的。你说他早干吗去了，我都怀孕了，他才跟我说这话。"其实，爱孩子是一定的，但想到以后的日子，就觉得实在是太辛苦了！

每个妈妈都曾无数次徘徊在"我好爱我的孩子，爱到愿意把命都给他"和"如果没生孩子，我的人生该是多么的逍遥自在啊"这两种想法之间。

这是健康的心理状态，因为你能够承受拧巴带来的郁闷，而不是躲进"我百分百爱孩子"或者"我百分百讨厌孩子"的极端里。

前几年的一次课上，老师说："最可怕的家长就是对自己做的每件事、每个决定都十拿九稳，觉得自己判断对错很精准，坚信自己的决定一定是对的。"

当时我很迷惑，学这么多知识，不就是为了用最正确的方式去养育孩子吗？现在你居然告诉我，知道得多了，反而会害了孩子，你是在跟我开玩笑吗？

直到最近两年我才真正明白，那种"我一定是对的"的正确感的确很可怕，因为当有一个绝对正确的标准横在那里时，我们会很容易忽视"真实"的孩子。在这个信息爆炸的时代，也许你今天看到的育儿方法，过一两个月或者半年就被推翻了，那时，你该如何面对过去的自己呢？

比如国内风靡的睡眠训练、睡眠引导，其核心就是训练孩子独自睡觉的能力。该理论在20世纪60年代的美国十分流行，但后来越来越多的儿童心理学家发现，这种训练方法其实是有问题的。传到国内时，大家却完全不清楚这些弊端，只觉得这一套流程具有可操作性，还能保证效果，实在是太神奇了，而且看起来十分科学。

我想，大多数妈妈在面对以睡眠训练为代表的育儿方法时，都经历过这样几个阶段：

第一阶段：这东西看起来好科学啊！又学到了新方法，赶紧拿来实践！

第二阶段：好像有人说这个事情对孩子有伤害，我该怎么办？

第三阶段：支持和反对的人居然吵起来了，我到底用不用？

很少有妈妈能够保持在第三阶段的纠结状态里，更多的人是为了避免纠结而坚定地选择某一方，然后拼命维护己方观点。这时，我们维护的已经不仅仅是这个育儿观点的对错，其中还夹杂着个人的荣辱与自尊。

这就是为什么说过于"正确"的育儿观是可怕的，因为有些人为了维护自己的尊严，什么事都做得出来。比如一些无良的微商，为了宣传自己产品的效果，拿妇科用品给婴儿使用，仅仅是为了证明自己的三无产品是安全的。这时，孩子已经被放到了第二位，"我是正确的"才是第一位要考虑的。

再回到睡眠训练的例子里：睡眠训练对孩子有坏处吗？有。那睡眠训练能做吗？能。为什么呢？因为除了孩子，妈妈也是人。如果为了保证孩子的需要而把妈妈累死，这必然不是我们想要的。再者，我们一定要放下自己的幻想——我能够把孩子百分之百地照顾好。这是不可能的，孩子不可能生活在"真空"里，我们以为正确的事情，未必是真的对孩子好。

所以，当我们抱着"反正，你投胎在我家了，我大部分时间都会尽力对你好，偶尔对你不好，你也多担待"的心态去养育孩子时，我们会轻松很多。这样的轻松说起来容易，其实是需要极强的心理素质去面对不完美的自己和不完美的孩子的。

我在可可一岁前，把各种儿科问题都看了个遍，现在回想起那时的我，用功程度几乎可以媲美高考备战了。虽然掌握了很多知识，但每天大量的碎片化学习也让我感到十分焦虑，因为这些是医生从自己强大的知识体系和多年的临床经验中总结出来的，我们看到的只是他们浓缩出来的结论。

你甚至会经常看到你很喜欢的两个儿科医生在"掐架"。那时你真的会很崩溃，毕竟大部分父母在医学方面都是门外汉，再加上长辈的传统育儿观，无数的声音在耳朵里碰撞，你很难辨别出哪一个才是最正确的。并且，医学本身也仍在发展之中，根本没有"最正确"一说。

我想，大多数妈妈在感受上觉得最难熬的也正是这一方面的问题：带娃没有模板可以参照。看得越多，越会发现个体差异之大，我们所能做的只是捕捉一些基本的底线和大体的框架。我们纠结着、迷糊着，稀里糊涂地孩子就长大了，回头看看：还好，还好，没出什么重大事故就算成功吧！

在这个过程中，让我迅速成长的是，我逐渐看到了自己想要追求完美、想要追求绝对正确的迫切愿望，以及由此带来的挫败、愤怒、焦虑和自我贬低。

当我逐渐接受了自己的不完美，也不需要那么完美这个设定以后，我的心态逐渐放松了，可可也长大了。我觉得，我是跟他一起成长的。

虽然纠结还是会有，还是会时不时地自我怀疑，但我不会再去追求百分之百的正确和完美的状态了，这也许才是最难的一课，希望我们都能早日在育儿这个学科里毕业。

太在意孩子吃饭好不好，
其实是限制了孩子的能力发展

可可在幼儿园的生活，最显著的优点就是能吃。上幼儿园的第一周里，他各种状况频发，哭闹、尿裤子、不睡觉、不敢上外教课等，但这些统统不影响他吃饭。据班主任老师反映，大家吃饭时，有的小朋友挑食，有些菜不吃，他还一本正经地劝人家，菜都要吃的，这样才好。

可可吃饭不让人发愁这一点，很多亲戚、朋友都很羡慕，其实并不是我们做的饭菜有多好吃，或者是我们的餐桌习惯有多好，而是在吃饭这件事情上，我们完全是"放养"。甚至这种放养已经到了让可姥姥无法忍受的地步。

可可吃饭每回都要看电视，还要挑不同的动画片，搭配不同的心情。其实这和我们吃饭时要找一部电视剧或者综艺节目来下饭是一个道理。对此，刚开始可姥姥提出过反对意见，觉得这样对消化不好，但很快她就被我说服了，因为在我的记忆里，我从小到大的午饭都是就着《今日说法》吃下去的。吃饭看电视已经成为我们家的生活"传统"了。饭端上桌后，不打开电视机就会觉得怪怪的，但这也并没有导致我们在外面就餐时必须要看电视或者手机才能吃下去。所以，综合考虑，可可想看就看吧。唯一的冲突是在电视节目的选择上，可姥爷抢不过可可，因此很是郁闷。

有段时间，可可还热衷于把玩具放在自己的餐椅上，后来，他发现实在没地方放饭了，就很自然地不玩了。他在幼儿园和小朋友一起吃饭，从来没提过要看电视的要求，不看动画片，他也能吃得很香。

零食什么的，他从不主动要，也不拒绝。其实，我偶尔也会主动给他买。朋友曾嘲笑我说："你说是给你儿子买，其实是你自己想吃吧！"嗯，没什么好否认的，就是我想吃。

有几次因为吃零食的时间和正餐的时间离得太近，所以他吃不下饭。不过，好在平时吃得好，偶尔一次不好好吃也是可以接受的。其实，最主要的原因是买零食这件事我们几乎没有拒绝过他，这样，虽然零食对他有吸引力，但他对零食没有执念，就是那种"反正我想吃的话就会有，所以也没必要每时每刻都惦记着"的感觉。

当他经历了几次因为吃零食吃饱了，只能眼睁睁看着我们吃饭的事情后，再出现吃饭前想吃零食的情况，他自己就会变得克制了，因为对他来说，和大家一起吃饭的吸引力比吃零食更大。

这一点要归功于可姥爷，因为可姥爷每次吃饭都是狼吞虎咽的那种，不管吃什么看起来都很香。

偶尔胃口不好就可以不吃，不做干预，这一点我挺佩服可姥姥的。孩子少吃一顿我们是不焦虑的，但是对姥姥来说，就会很焦虑，毕竟我小时候就是个吃饭"困难户"，经常是我妈哄着、骗着、追着、强迫着才能吃下去。对于可可偶尔不想吃饭这件事，可姥姥也是经过了很长时间的脱敏，现在才终于可以做到淡定面对，淡定到有时我自己都开始有点焦虑了，但她却说："没关系，不吃就不吃，他饿了自己就知道吃了。"

每个人都有过胃口不好的时候，并不是生病了需要去看医生，就是单纯的不想吃而已，等过了那几天，饥饿感重新出现时自然就想吃了。吃饭这么本能的事情，是不需要智商参与的，请相信孩子自己知道饥饱。

如果家长总在吃饭这件事情上和孩子纠缠，是会限制孩子的能力发展的。这话不是危言耸听，早在1943年，美国心理学家亚伯拉罕·马斯洛就提出了人类的需要层次理论。

通俗来讲，人的各种需要是分等级的，只有先满足了低层次的需要，才能跃到上一层去发展更高层次的需要。

对婴儿来说，最开始的需要就是生理和安全感的需要。孩子四五个月大时，可能会出现厌奶的情况，其实这是孩子开始对外界更感兴趣了，而不仅仅是对吃感兴趣。

对更大一点的孩子来说，玩耍、看电视这些事情，的确比吃更有意思，吃饭不专心、走神都是正常的。只要大人不过度干预孩子，他们就会按照更合理的顺序来满足自己。

大家有没有发现，其实老人对吃更执着。父母这代人还不是特别明显，爷爷奶奶那一辈人则非常明显，因为他们年轻时生活在一个物资极度匮乏的时代，大多数人都经历过食物短缺带来的恐慌和生理的饥饿带来的痛苦。长期这样的生活，让他们的需要层次停留在了生理需求和安全感需求上：饭都吃不饱，哪还有精力谈理想。

食物对他们来说不仅仅是食物，更是能够活下去的关键。在这种深入骨髓的恐慌支配下，吃，变成了一件生死攸关的事情。我不止一次听可姥爷说，觉得自己这几年不如以前能吃了，这让他心里很不是滋味。我想，这对他来说确实是一件很重要的事。

对吃饭执着的老人很少关心自己或孩子是否能活出自我、实现人生价值，因为他们的需要就在最底层，没办法想得更高、更远。代沟大概就是这样产生的。因为我们并不缺乏物质，所以我们更多的是考虑自己想过什么样的人生、追求什么样的理想，而这些对父母来说，更像是不脚踏实地的空谈。

如果我们和自己的孩子在吃这件事情上较劲的话，就说明我们自己本身也存在很多生存焦虑。这些焦虑通过劝孩子吃饭或者担心孩子是否能吃好饭而变相地表现出来。

当我们把孩子吃没吃够这件事放在首要焦虑的位置上时，孩

第二章 亲子关系：不说"我都是为了你"，是为人父母的基本准则

子也会被我们影响着把主要精力放在吃还是不吃这件事情上，因此就限制了孩子的发展。其实，相比于孩子吃多吃少，还有很多更重要的事情值得我们关注。

不懂孩子的情绪，
我该如何安抚他

安抚孩子，首先要讲出他的情绪，替他表达出他的感受。他觉得被理解，才能很快被安抚。很多家长会很疑惑："读懂孩子的情绪真的太难了，我根本不知道他在想什么，我该怎么办？"这也是我常常思考的问题。我们无法钻进孩子的脑袋里去看他到底在想什么，有时就是不理解他为什么哭、为什么抓狂。不是说孩子只要一哭就代表他很伤心，也可能他是感到愤怒、羞耻。孩子的情绪是复杂的，当我们拿不准时，到底该怎么办？

在参加家庭治疗培训时，老师的一句话让我非常震惊。她说："孩子的很多情绪都是成年人给标定的，比如有的家长带孩子来找你，说他的孩子有些抑郁，但当你和孩子聊完后会发现，孩子只是有点压抑。"

这让我开始反思，我在替我的孩子表达情绪时，是不是也没有准确描述。孩子没有分辨能力，也不懂如何准确地表达自己，

第二章 亲子关系：不说"一我都是为了你"，是为人父母的基本准则

于是默认我说的是对的，从此以后，我就按照我给他贴的标签来定义他的情绪，这是一个很可怕的问题。也许在我们看来这是科学合理的育儿方法，但实际上是对孩子的干扰。

当我向老师提出这个问题时，她是这样回答的："我比较喜欢用现象学去描述，比如，妈妈看到孩子的眼睛流出了眼泪，握紧了小拳头。这时，你不要去猜测他是什么感受，只需描述你看到了什么。我们的猜测都是经过大脑加工的，你怎么能保证孩子哭就一定是因为伤心呢？"说完，她还不忘补充一句，"这也只是我自己的观点，不一定对。"

我想，如果孩子很愤怒或者很伤心，我们并不需要那么精准地去表达出他的感受，有的时候安安静静地陪着他，抱一抱他就好了。

我们都是不太会处理负面情绪的人，我们见不得别人哭，见不得别人生气，觉得表达负面情绪是可耻的。当我们自己情绪崩溃时，我们也会觉得自己是软弱无能的，会立刻擦干眼泪，默默告诉自己：要坚强。

为什么非要说哭就是不坚强呢？情绪只是正常地出现，等它完成了使命就会消失。我见过不少从来都不哭的坚强女人，到中年、老年就出现了一系列的身心疾病。你曾经压抑的情绪，总有一天身体会替你表达出来。

我们见不得孩子哭，于是就想方设法地制止孩子哭闹，安抚孩子暴躁的心。但当孩子哭闹时，他或许只是想宣泄情绪，就像

85

他高兴了会笑一样。我见过有的家长连孩子笑得太开心都要制止，他们觉得不能太过开心，怕孩子会笑昏过去。其实，这都是对情绪张力的不耐受。

听到孩子哭泣就立刻心跳加速、血压飙升，是妈妈的本能。让孩子止哭与其说是在安抚孩子，不如说是在安抚我们自己，因为妈妈实在承受不住这一阵阵哭闹的刺激了。

很多人都曾有过当孩子大哭不止时，想把孩子扔出去甚至打一顿的经历。我曾见过一个奶奶带小孙子在广场上跑步，孩子不小心摔了一跤，立刻就放声大哭。奶奶赶忙冲过去，把孩子抱起来，心疼地询问和安慰。安慰了好久，孩子由放声大哭变成了小声抽泣。这时，奶奶有些不耐烦地说："都是男子汉了，要坚强一点，别哭哭啼啼的。"孩子听到这句话，仿佛受了天大的委屈，又开始放声大哭。奶奶也突然变得暴躁起来，开始打孙子的屁股，一边打一边说："有什么好哭的！丢不丢人！还哭！闭嘴！"可想而知，孩子哭得越发厉害了。

这时，其实奶奶并不是真的气孩子为什么哭，而是气自己为什么无法让孩子止哭，这种由受挫带来的羞耻感让她感到愤怒。她无法消化这种愤怒，就会用外向归因的方式把愤怒抛给孩子：都是你哭、你懦弱才让我不得不打你，我打你是为了让你坚强。

我们对自己的要求太高了，所以对孩子的要求也太高了。研究母婴关系的心理学大师温尼科特说："当六十分足够好的妈妈就可以了。"而我的老师说："当五十八分的妈妈就行了。"

第二章 亲子关系：不说"我都是为了你"，是为人父母的基本准则

大家可能会好奇，可可有我这样一个心理咨询师妈妈，会不会成长得特别好？其实，我一直在提醒自己，尽量别对孩子有什么期望。我以为懂得多，就能把孩子教得更好，但这种情况下孩子更容易出现问题。这大概就是育儿的怪圈。我们学到的知识越来越多，反思的也越来越多，却觉得越来越不会教孩子了。孩子任何一个小小的行为偏差，我们都如临大敌，想去分析一下其背后的原理，这样做，迟早会让孩子患上精神疾病。

当我们一直鞭策自己做一个好妈妈时，孩子的压力也会变大，因为对他来说，如果他不好，就间接否定了你所做的努力。

五十八分的妈妈，偶尔缺席，偶尔情绪失控，偶尔自私，偶尔对孩子发火……这些偶尔出现的不足，却为孩子的自我成长提供了契机。因为你不完美，孩子才有机会超越你。也正是这些不完美，让我们成为一个活生生的妈妈，而不是圣人。希望大家都能活得更舒心，而不是更完美。

把孩子当"小情人"？
快打住

前阵子和朋友聊天，她说发现一个很奇怪而又很普遍的现象，就是妈妈把儿子当作男人来"用"。这里的"用"，不只是让儿子帮忙做家务、拎包之类的，还有情感上的一种依赖。

她说，有一次，她和一位女性朋友出去玩。朋友五岁的儿子长得特别可爱。朋友开车，她坐副驾驶，朋友儿子在后座。等红灯时，孩子就环着妈妈的脖子亲妈妈，说："妈妈，以后我要和你结婚！"她朋友特别幸福地说："好呀！"她立刻白了她朋友一眼，说："你想干吗呢？你儿子以后是要自己娶媳妇的。"她朋友听了，很无奈地叹了口气，说："好吧，儿子，以后你要找自己的老婆，妈妈和爸爸在一起哦。"孩子一下子就蔫了，低着头说："哦，那好吧。"

为什么不能对孩子这样表达呢？因为孩子在三岁左右，会进入一个叫"俄狄浦斯期"的心理发育阶段。该阶段孩子的心理特

征是：不论是男孩还是女孩，都会很自然地想要和异性家长更靠近，试图取代同性家长的地位，男孩想要霸占妈妈，女孩想要霸占爸爸。

这种被孩子强烈喜欢和占有的感觉是非常有诱惑力的，如果夫妻俩关系本来就不大好，会很容易被孩子强烈的喜爱深深地吸引而无法自拔。

甚至有些父母还会在孩子面前说另一半的坏话，尤其是爸爸对女儿说妈妈的坏话，妈妈对儿子说爸爸的坏话，同时还拿孩子来对比。比如，爸爸对女儿说："你比妈妈可爱多了。"妈妈对儿子说："还是儿子好，你要保护妈妈，不要让爸爸欺负妈妈。"类似的心态、话语、举动，都会加剧孩子在幻想世界中，觉得自己可以取代同性家长的想法。

以男孩为例，这样做其实是妈妈和儿子在共同排挤爸爸。男孩一方面在心理上获得了战胜爸爸的满足感，另一方面还会产生失去男性榜样的慌乱，以及实际上自己并不如爸爸强壮，害怕被爸爸惩罚的恐惧感。

即使是单亲家庭，家长同样也可以给孩子找到性别榜样。但是，无论是否单亲，你是通过和孩子捆绑来满足建立亲密关系的需要，还是拥有属于自己的亲密关系，这在很大程度上都会影响孩子能否发展出健全的人格。

单亲妈妈或者单亲爸爸能做的，就是不再涉足孩子的亲密关系。在普通家庭中，如果夫妻双方不与对方建立亲密关系，而把亲密的需求放在孩子身上,那么,这同样是很糟糕的事情。

我们应该明白,即使孩子表现出来他很爱你,可以保护你,但也仅仅是以孩子的思维来表达对父母的爱。这种爱是无法替代成人之间的亲密感的。但有很多父母分不清这两者之间的区别,他们经常生出一种"我有孩子陪就够了,要另一半干吗"的错觉。不得不承认,有的伴侣确实是有不如无,但这并不代表我们可以把所有的情感都寄托在孩子身上。

当我们把所有的情感都寄托在孩子身上时,孩子的情感就会被"催熟",会发展出许多看似成熟、贴心、独立的品质,但这些只是孩子为了适应父母的需求,而不得不提前发展出来的一种人格面具。

有的孩子甚至会一直戴着这种面具,直到自己成家以后。这样做很容易营造出一种看似完美,但内心其实很空虚的家庭状态和情感状态。

有的孩子因为承受不了这种压力和情感期待,而把自己弄得很糟糕,甚至不惜毁掉自己的人生,来逃避父母那泰山压顶般的期盼:我都已经如此糟糕了,你就不要再指望我来背负你的人生了。

父母为什么会把自己的亲密需求放到孩子身上呢?这是由于父母对成人间的亲密关系的恐惧。这种恐惧分为两种:一种是对被抛弃的恐惧,另一种是对被控制的恐惧。

被抛弃的恐惧是:自己和某个成年人有很亲密的关系,但这

种关系是不可控的，因为对方并不是离开自己就会活不下去，而这样的平等意味着两个人随时都有结束关系的可能。这对一个很害怕分离、害怕被抛弃的人来说，是很恐怖的。而对亲子关系来说，孩子在幼年主动抛弃父母是不可能的，这时，父母就处于绝对安全的位置。

被控制的恐惧是：成年人的亲密关系里，一定会有一些类似捆绑和纠缠的感受。如果一个人从小在和父母的关系（或别的重要关系）里被严重地控制、入侵，那么，任何亲密的举动都会让他觉得自己是被控制了，就会本能地想要逃离。虽然他们也很想要亲近，但更想要那种单方面自由亲近的关系。而亲子关系恰好满足了这一点，因为孩子更倾向于顺从父母的安排，即使提出抗议，也不足以影响到父母的选择。

如此一来，父母就很容易把满足自己的情感需求和爱孩子这两件事混为一谈。而我们的文化又鼓励培养乖巧、懂事、早熟的孩子，在这样的双重影响下，家长很容易让孩子变成牺牲品。

父母觉得自己是为孩子而活，孩子也觉得自己是在为父母而活，彼此都觉得越来越糟糕。那我们不如换个方式，先为自己而活，这样，孩子就不必背负我们沉重的期待，他们可以为自己而活，这才是更健康的亲子关系、家庭关系。

爸妈，下次别人批评我，
希望你们可以站在我这边

不久前我去了一趟西宁的青海湖、茶卡盐湖，体验了高原反应和美景。也许是职业病吧，在回西安的前一天晚上，我在西宁的街道上，看到了一件让我感触很深的事情。

那天晚上，我们一起去夜市，西宁的新区街道很漂亮，周围饭馆看着也很上档次。我们在街边找吃的，看见一对夫妻领着一个小男孩，三个人有说有笑。小男孩大概刚上小学。

突然，小男孩不小心绊了一下，也没摔多狠，但觉得有点没面子。爸爸在一旁哈哈大笑，小男孩就气急败坏地上去打爸爸，他自然是打不过的。爸爸狠狠地拍了一下他的头，说："你是不是脑子有毛病？"小男孩站在那里一声不吭。可以想见，他很生气，但无力反抗。

小男孩的妈妈开口了："你怎么能打爸爸呢？你这样是不对的，又不是爸爸害你摔倒的！"小男孩不服："可是他笑话我！"妈妈说："他是你爸爸呢，对你又没有恶意！你打人的行为就是不对！小孩子不能这样目无尊长！"孩子爸爸也在旁边附和："你摔倒能怪我吗？"

最后，小男孩垂头丧气地不说话了，跟着爸妈走了。他打人确实不对，但爸爸嘲笑他就对吗？如果你说："我笑他一下怎么了？"那我也要反问一句："一个四五岁的男孩打你一下又怎么了？"

尊重是相互的，而现在很多成年人，包括父母，都太把自己当回事儿，而不把孩子当"人"看。

如今，人们对孩子的包容度越来越低：婴儿不可以哭闹，小孩子不可以撒泼打滚，不可以顶撞父母，不可以淘气。某卫视的亲子节目里，几乎每个孩子都被观众拿着放大镜观察。曾经有一句引起热议的话："多多都已经八岁了，不是小孩子了。"八岁不是小孩子，难道是大人吗？

有一位妈妈独自带着孩子坐飞机，害怕孩子太吵，所以给机舱里每位乘客都准备了耳塞和糖果。这位妈妈的举动获得了大家的一致认可。当然，这位妈妈做得很不错，充分考虑到了他人的感受。但微博上另一位妈妈的言论让我更加赞同，她说她曾经也这样做过，但那是仅有的一次头等舱，因为人少，所以发得过来；如果是坐在经济舱，一百多个人，你光是糖果就要装一大箱子，还不如不出门了。难道因为他是个孩子，就没有坐飞机的权利了吗？

现在大家对公共场合的认知扭曲成了：只要孩子敢在公共场合哭，或者有任何不得体的行为，那他就是"熊"孩子。而家长要是无法让孩子立刻止哭，就是"熊"家长。相信我，当孩子在公共场合哭闹不止时，没有人会比孩子的家长更着急。作为旁观者，你只是心烦，他们可是心疼、心烦加愧疚。

我今天看到一则关于"熊"孩子的新闻，点开评论，发现几乎没人反思家庭教育，而都是在说："这孩子就是欠打，打一顿就好了。"甚至还有人拿自己举例："我小时候也这样，我妈上来就给我一巴掌，打那以后，我再也不敢了。以后我的孩子要是这样，我也肯定是一巴掌上去。什么说服教育，都是胡扯，只有打一顿才管用。"

紧接着，我又看到了一条哈士奇咬死小狗的新闻。新闻下的评论和对待"熊"孩子的态度是一样的：狗就是要打，说教没有用，必须打。彻底打服了，就乖了。这的确很讽刺，大部分人教育孩子的方法竟然和教育狗的方法是一样的。

"熊"孩子的新闻，评论里怒气都很重，大家都恨不得穿过屏幕，把这个孩子打一顿泄愤。如果真要深究，估计这些人小时候也从没有被温柔对待过。当他是"熊"孩子的时候，没有人去理解他"熊"的原因，只想着打一顿就乖了。久而久之，他自己也认可了这个观点：孩子就是骨子里坏，必须用暴力"镇压"才能茁壮成长。

你对待世界的态度就是世界曾经对待你的态度，而对孩子来说，父母就是他的世界。有一句形容情侣关系的话，也特别适合用来形容亲子关系：我曾经希望你为我遮风挡雨，后来才发现，我所有的风雨都是你给的。

当然，这并不是要求家长一定要做到完美、包容，家长也是人，每个人活在这个世上都不容易。只是，你自己要找到纾解的方法，而不是归罪到孩子身上。你觉得摊上这样的孩子你很痛苦；可能孩子也觉得有你这样的爸妈，他很苦恼。

望子成龙的家长、生活中的道德标兵们，当你们自己能达到对孩子要求的那些讲文明、懂礼貌、上进、懂分享、有爱心时，你们才有资格要求孩子也做到这些。如果你们活了二三十年都没有做到，凭什么要求才几岁的孩子能够做到呢？

不回应，是比打骂更可怕的惩罚

我曾经参加过一个心理学培训，老师讲到人最重要的一些心理需求。我记下了这些内容：存在感是第一位的，存在一定是需要有重要客体与我们建立一种联系。失去与客体的连接，我们就会感到孤独，轻则会引发无力感，重则会引发绝望感。

当然，孤独也可以被用来当作惩罚孩子的手段。孩子不听话，不怕打，但怕你不理他。能够深深伤害到孩子的方法，不是打他、骂他，而是不回应、不在意他，也就是我们常说的冷处理。当然，一两次的不回应是不会对孩子造成严重伤害的，这里是指长期使用孤立的方式对待孩子，尤其是在孩子还小的时候。

1.在婴儿期（0～1岁），孩子需要得到及时的回应

在0～1岁时，婴儿对负面情绪的忍耐能力和消化能力几乎为零。当他感觉到冷了、饿了、害怕了、困了时，他不明白为什么会有这样的感觉折磨他，况且他没有一点点自理能力，必须依赖

成人给他喂奶、哄睡、增减衣物、换尿布等。

当我们没有及时回应婴儿的需求时，他无法理解你为什么不管他，不论你是有意的还是无意的。这时，愤怒、痛苦的感觉会把他包围，在他的幻想世界里，他正一个人面对着一个巨大的怪兽，而他无力反抗。

当大人大部分时间都能及时地回应孩子，帮孩子消除那些不愉快的感受时，孩子就会重新平静下来，获得安全感。一次次重复的回应，会在孩子的潜意识里刻下安全的记号，慢慢地，他就变得对这些不舒服的事情越来越能忍耐了。因为他知道，大部分时间都会有人来回应他。

我把对待孩子和夫妻相处拿来做对比，很多人表示不理解，那我就详细解释一下。在恋爱中，尤其是缺乏安全感的人的恋爱关系里，有时对方两三个小时没有回复他的消息，他就会觉得很难忍，大脑内的小剧场就开始运作了，产生无数的猜测，而这些猜测大多都是不好的，比如对方厌烦自己了、对方有外遇了、对方出车祸了等。

其实，这就是我们在恋爱中，部分心智退行到了婴儿阶段的表现。在恋爱中出现的那些不可理喻的言行、情绪爆发、失恋后的痛不欲生，都是激活了我们内心婴儿的部分，因为对方让我们体会到了被抛弃的恐惧、不被回应的愤怒。

如果一个人在恋爱中很容易没有安全感，失恋后还会感受到异于常人的痛苦，那他可能在婴儿时期就没有被好好地回应过。

2.幼儿期（1～3岁），回应依旧重要，良好的性格不是被训练出来的

这个时期，孩子已经渐渐开始能听懂你在说什么，能慢慢表达自己了。这时，我们往往会有一种错觉：既然你听得懂我在说什么，那你就一定能按照我说的做。

我们所说的懂礼貌、分享、勇敢，在孩子的脑子里就和苹果、香蕉、梨是一样的，他的确能听懂你在说什么，也许还能重复，但这并不代表他就能理解并做到，所以经常会出现这样的对话：

妈妈：我有没有说过要懂礼貌，要谦让小朋友？

孩子：有。

妈妈：那你为什么还要抢其他小朋友的玩具？

孩子愣住了，因为在他的脑子里，这些因果关系所包含的意义太复杂了，不是他的大脑能够处理得了的。

当孩子"不听话"时，我们很容易把他的不顺从理解为故意的、太顽皮、不长记性，于是各种惩罚措施也就登场了，诸如打手心、训斥、罚站这些都比较老套了，现在，我们又"与时俱进"地引入了很多惩罚措施，比如淘气毯、冷板凳。有一次，我在某官方微博看到可以用画画来惩罚孩子，这真是让我大开眼界。

其中最狠的就是以前的关小黑屋和现在的冷处理。关禁闭可是能把成年人都逼疯的惩罚（比如《甄嬛传》中被打入冷宫的妃

子），更何况是心智还没发育成熟的孩子。而冷处理从原理上讲和关小黑屋是一样的，虽然你能看见我，但是我就不理你，无论你怎么哭、怎么喊、怎么痛苦，我都不理你。

我在一档育儿节目里看到育儿师告诉家长，孩子待在淘气毯上接受惩罚的过程中，一定要避免和他目光接触。可以说，这是精准地把握了不回应的精髓。你的一个眼神就可能流露出对孩子的情感，所以，请避免看他。

当孩子挣扎无果、哭喊无果，彻底体验了最恐怖的惩罚之后，一定是妈妈让他干什么他就干什么，只要妈妈理他，哪怕打他、骂他都行。

如果我们能适当理解孩子的内心和思维，即使是要处罚、要制止，也会在这些过程中加入很多的情感因素：我理解你为什么要这样做，你并不是故意的，但是这样的做法确实不符合我们的社会规范，所以我要制止你。

所以，并不是说孩子完全不能打、不能骂，毕竟有的家长惩罚孩子不用打骂，就能让孩子痛不欲生。他们会把孩子扔到情感的冰窖里，用孤独作为惩罚的手段。

再延伸到成年人的关系中。那些让我们费解的男女关系，比如女性遇到坏男人，被骗财、骗色、家暴，却仍然不离婚，这是为什么呢？因为，在她的潜意识里，至少我还有人陪伴，不论这种陪伴有多糟糕，那都好过彻底失去陪伴。

一旦想到要结束关系，几乎就意味着是要摧毁她的整个世界,那种孤独的恐惧比打骂更可怕。当然,在这个时候,她的心智也退行到了早期阶段,无法用成熟的思维来判断。

在孩子生命的早期,他的自我调节能力比较差,所以需要被精心地对待。这个时期的亲子关系就是一个人生命的核心"地基",地基稳的,即使面对地震也能抗住;地基不稳的,也许一阵风就能将其吹倒。"工程师"们,你们知道"盖房子"的重点了吗?

孩子不吃饭，
还不是被你逼的

吃饭是单细胞生物都具有的本能。你要是觉得自己的孩子没有，那你对自己的基因也太不自信了。人类辛辛苦苦爬到食物链顶端，不是为了在婴儿期就把自己饿死的。

我们要深刻地认识到，除了严重脑损伤的植物人，剩下的人都知道自己是不是饿了、是不是饱了，都能够正常进食。如果你还不信，那请回忆一下孩子在婴儿期有多少次半夜哭醒要吃奶。

我本以为这是常识，但我发现很多人不相信婴儿自己知道饥饱。这大概是成年人的控制欲和对自身智力的盲目自信所导致的。如果你相信孩子知道饥饱，那我们再进一步讨论深刻一点的问题：家长总觉得孩子没吃饱，其实是把自己对生存的恐慌投射到了孩子身上。

这点在老人身上很常见。经历过食物匮乏年代的爷爷、奶奶，甚至太爷爷、太奶奶们，是最见不得孩子不好好吃饭的。他们的童年甚至前半生可能都处于食物短缺的状态中。

这种长年积累的现实焦虑，会深深地刻在骨子里，即使现在已经不可能会饿死了，他们也还是会把自己对食物的焦虑投射到孩子身上。

虽然现在的年轻父母已经不会再为食物短缺而恐慌，但还是会因为担心影响孩子的生长发育而恐慌。其实，说到底这还是家长对生存的焦虑。

简言之就是：有一种没吃饱，叫你妈妈觉得你没吃饱。这时孩子吃饭已经不是自己的生理需要了，而是为了安抚家长的焦虑。

如果爸妈希望孩子吃饭的愿望大过孩子自己吃饭的愿望，孩子就会有一种自己被父母的意愿吞噬了，自己消失了的感觉。这种感觉会激起一个人最深层的恐惧："我是否真的存在？"

对婴儿来说，他们无法妥善地协调好父母的想法和自己的意愿之间的关系。这时，他们会选择一条完全相反的路：你越是让我吃，我就越是不吃。

孩子在吃饭这件事上总是如此固执，是因为吃饭、喂饭也是一种权利的斗争。孩子在刚开始吃辅食时，就可以练习自己抓一些东西来吃，然后再慢慢地演化为自己吃饭。刚开始吃东西，孩子总是会弄得一团糟，而且吃得少且慢，有的家长能忍，有的家长却忍不了。

忍不了的背后，其实是家长的控制欲在作祟：孩子吃饭这件事，竟然不受我的控制。这种失控感让家长很焦虑，于是他们开始争夺控制权——自己给孩子喂饭。但是，孩子也不傻。一个健康的婴儿在六个月左右就会产生模糊的自我意识，会自己抓勺子、抓碗，选择自己喜欢吃的东西，看见不喜欢的东西就固执地扭过头。这时，权利的斗争开始了，家长想掌控孩子的胃，孩子想掌控自己的胃。

如果家长逼得太紧，孩子就会通过"罢饭"来宣示自己的主权：我说不吃就不吃，我的身体属于我。在强迫孩子吃饭时，家长的心智水平等同于孩子的心智水平。

我经常会被问到关于孩子吃饭的问题，基本都是这样的："粽子，我家孩子不吃饭，都快一个月了。自从上次出牙以后，他就不愿意吃饭。我哄着、骗着、威逼利诱，都不管用，我该怎么办啊？"

我通常会回答："不用管，他饿了自己就会吃。"

孩子的妈妈气愤道："那就一直饿着吗？饿坏了咋办？"

我："那你想怎么办？"

孩子的妈妈更气愤了："我就是不知道怎么办才问你呀！"

我：……

事情发展到这个地步，如果家长愿意放手，不控制，孩子或许还能找回自己的进食规律。如果家长继续想方设法试图控制孩子，可能真的会给孩子进食造成长久的影响了。

但家长往往会钻牛角尖，就想和孩子的意志拼个"你死我活"。大部分情况下，都是孩子的意志被家长战胜了，孩子可能就会转移"阵地"，吃饭这块领地丧失了，那我就转战别的领地，比如要玩具或者不睡觉。

也有孩子一直坚持不好好吃饭，于是这个习惯就被保留了下来。很多成年人都不太会好好吃饭，要么不吃，要么吃得过多，这些都和最初的进食习惯，以及家长对孩子吃饭的态度密不可分。

以小见大，你对孩子吃饭的态度，就是你的育儿态度。如果家长控制欲爆棚，围追堵截，把所有路都堵死，并且要求孩子一定要服从自己，那孩子可能就会变成一个家长所希望的、顺从听话而没有自我意识的"乖孩子"。

其实现在的"乖孩子"有很多，我们只知道社会期望我们做什么，而不知道自己想要做什么，因此就会产生空虚、抑郁、愤怒、生活没有意义的负面感受。这样的"乖孩子"，小时候的作用是缓解家长的焦虑，为了家长活着，长大后则是为了领导、伴侣、孩子、社会规则而活着。总之，他们一辈子都没有为自己而活。

孩子虽然是父母生的，但从他离开母体的那一刻，我们就不能再强加控制了。孩子不吃饭，你很着急，但你究竟是想要他拥有健康的饮食规律，还是想把自己的想法在他身上完美地体现呢？

别人总说我惯着孩子，我该如何回应

一个周五的下午，我们提前去幼儿园接了可可，带他去参加小姨婚礼的彩排。路程比较远，我们是打车过去的。坐在车上，可姥姥发现可可小书包里今天带的分享食物几乎没有动，就问可可今天是不是没有和小朋友分享食物。还没等可可说话，司机师傅就说："现在的孩子，就是物质条件太好了，要什么有什么，一个比一个自私，所以学校才会开这种分享课。"

我和可可坐在后排没有回话。姥姥坐在副驾驶，只能尴尬而又不失礼貌地笑了笑。这位司机的观点其实可以代表大部分人的观点，他们不在乎你到底是怎样的人，也不愿意去了解事情的前因后果，他们只用一个"你没有分享食物"这个点就妄自断言你的道德水准。

可可幼儿园的教育理念很尊重孩子的个人意愿，只要不伤害自己，不伤害别人，怎么做都可以。比如可可最开始不愿意在休息时睡午觉,老师就陪着他去游戏室;晚饭时他说他只吃一口,老师说那就只吃一口;最初分离焦虑很严重的时候,我走了以后,他不愿意进教室,老师就陪着他在楼下坐着。

坦白讲,我都不能保证自己能做到这些。老师的尊重换来的是可可更快地适应:打小就有睡眠障碍的他,现在已经能自己躺在幼儿园的小床上睡觉了;折腾了几天不吃晚饭以后,遇到好吃的意大利面,他一口气吃了三小碗;在门口哭闹不到五分钟,他就主动给老师说:"我们还是去教室吧。"

九〇后当初就被说成是"被惯坏的一代""自私的一代""被毁掉的一代",因为老一辈人觉得九〇后的孩子大部分都是独生子女,要什么有什么,不知道分享,不知道感恩,不知道勤俭节约,将来一定是社会的"蛀虫"。然而,事实并不是这样。

九〇后因为获得了更多的资源,所以拥有了更高的眼界;因为从小得到了爱和尊重,所以更懂得尊重他人与社会规则。反而是老一辈的人,他们从小生活的时代和所受的教育,使得他们严重缺乏边界意识和规则意识,那种根植内心的"你的就是我的"观念,让他们更愿意跟你讲人情,而不是契约或者规则。

"得到的越多,孩子越容易变坏"的想法其实是成年人自己臆想出来的,因为普通人的生活里很少能看到那些得到很多物质和爱与尊重的孩子。我们所了解到的谁家孩子被惯坏的事情,多半是传闻,或者是家长自己描述的。家长觉得自己提供了很多,但如果你去听听孩子的想法,我敢保证,你会听到不同的版本。

第一章 亲子关系：不说"我都是为了你"，是为人父母的基本准则

我们父母这一代人很不容易，因为他们的父母中很少有人会反思自己的教育方式。反正大家都这么做，我也这么做，不管结果怎样，至少自己内心是不冲突、不焦虑的。而我们大部分人从小就没有被好好地尊重过，这时又要我们拿出爱和尊重来给自己的孩子，其中就会混杂着很多复杂的情绪。

1.无力感：我自己都没体会过的事情，要怎么提供给我的孩子呢？

2.嫉妒：我小时候犯了错，得到的是一顿打，为什么现在我的孩子犯了错，居然可以得到我的安慰和拥抱？

3.焦虑：我这样做到底对不对？万一孩子被我教坏了，大家肯定都会指责我。

我现在已经逐渐熬过了焦虑期，只能说坚持就是胜利。即便我从上大学时就开始学习心理学，这些年也不断地给我爸妈以及周围的亲朋好友"洗脑"，但在可可刚出生时，我的育儿方式依旧让大家觉得骇人听闻。

下面这些话，你耳熟吗？

你怎么可以一直抱着孩子？你这样会把他惯坏的，以后你就等着受累吧。

孩子哭就让他哭一会儿呀，都是这样的，不用管他，过一会儿他就不哭了。

这孩子脾气怎么这么大？一生气就打人，要趁早管教，不然以后就管不住了。

这孩子怎么这么自私啊？借你的玩具玩一下都不给。

怎么这么开不起玩笑呀？还男子汉呢。

你这样顺着他不行，以后你就知道了。

还能他想怎样就怎样？你不得给他立规矩啊？孩子哪有不挨打的。

当这些指责都熬过去之后，我现在听到更多的是：

这孩子带得真好，一点儿都不怕生，真开朗。

你怎么教的呀？他的表达能力怎么这么好？

这孩子真有爱心，这么小就懂得安慰弟弟、妹妹。

这孩子真有自制力呀，说不玩就不玩了。

当然，也不是说现在就没有指责了，可可现在被说得最多的就是"开不起玩笑"。当然，我不觉得这是孩子的问题，而是那些所谓的玩笑其实就是为了惹怒孩子，让成年人获得一些心理上胜利的快感而已。

而孩子懂得反抗我是很欣喜的，因为我不希望孩子在受到了情感上的侮辱或者嘲弄时，还能安安静静地赔笑脸。我很高兴他可以明确地向对方表达自己的不满和愤怒，无论对方是否是他惹不起的成年人。

其实，真正自私的，大部分都是成年人。我们自私的地方在于，我们期望孩子能按照我们的想象去成长，不然，他就不是好孩子。我们仗着自己是过来人，就对孩子指指点点，我们都忘了自己小时候被贬低、被嘲笑、被打骂时那种痛苦的感受了。直到成年后，我们美化了自己曾经受过的伤害，把那些痛苦硬说成是教育，然后继续传递给下一代。

放弃自己的幻想和执念，是很艰难且痛苦的，但至少我们应该知道还有另一条路，那就是我们可以尽情地尊重孩子、爱孩子，同时，相信这些美好的感情终究会开出美好的花朵。

总不想满足孩子的需求，你在害怕什么

前几天，A妈妈火急火燎地在微信上问我："粽子，粽子，你在不在？我要疯了！我女儿最近特别'熊'，我该怎么办呀？"

事情是这样的：她和两岁半的女儿下午要去商场，结果女儿看到路边的摇摇车，非要坐。她犹豫了一下，觉得也就几分钟，坐就坐吧，去商场也不是什么着急的事，于是付了钱。女儿欢欢喜喜地坐到了摇摇车上。

两三分钟就摇完了，但这个摇摇车真的很有"心机"，居然还用语音提示："小朋友，再玩一次吧！"女儿听见了，就信以为真，必须要再玩一次。这时，她叫的网约车到了，司机正在路边等她，她劝女儿说能不能从商场回来再坐啊。

女儿当然是不同意的，而且她女儿有个撒手锏，那就是尖叫。商店老板都吓得跑出来看是不是有人在虐童。她一边给老板赔笑，一边劝女儿，试图把女儿从摇摇车里抱出来。女儿又踢又

打,这边网约车司机还在打电话催她。

A妈妈用仅存的一丝理智控制住自己的情绪,悄悄地给女儿说:"等会儿去商场给你买冰激凌好不好?给你买小裙子好不好?"许诺了这些之后,女儿依旧不从,最后A妈妈彻底爆发了:"你怎么这么不懂事?不知道这会儿赶时间吗?就会添乱!"最后,她强行把女儿抱上了车。

到了商场后,女儿第一件事就是要买冰激凌。A妈妈也很守信用,直奔冰激凌店,因为担心孩子吃太多不好,就只要了一个,还和女儿分着吃。女儿一转头的工夫,发现冰激凌只剩下一半了,再看看妈妈嘴角的冰激凌,瞬间就开始咆哮:"妈妈把冰激凌吃了!"她一边哭一边喊,成功吸引了所有人的目光。迫于压力,A妈妈只好硬着头皮又去买了一个。这下可好,本来只想让她吃半个,现在变成了一个半。

吃完了冰激凌,该买小裙子了。商场里的童装,尤其是小女孩的裙子,那么几小片儿布,就要五六百甚至上千元。她试图拉着女儿去看看短袖,结果根本没用,女儿已经拽着一件四层纱的公主裙不走了。

销售人员兴奋地围上来讲解,说这个裙子多好多好,还有就是现在促销力度很大。她赶紧抱起女儿,说:"宝宝,咱们不是上周才买了一条裙子吗?要不改天再买这个?妈妈今天给你买别的好不好?"女儿当然不乐意,毕竟女生从来都不会嫌自己的裙子多。她非常坚定地对妈妈说:"我就要!我就要!"最终,在女儿声嘶力竭的尖叫中,她为这条昂贵的裙子买了单。

晚上回家,女儿要吃棒棒糖。这一下午她已经被折磨得够呛,于是就说:"那你吃吧。"结果她和女儿又一次起了冲突。原因是,女儿要求三种口味的棒棒糖各来一根,而她的原则是,一天最多只能吃一根。女儿连哭带尖叫,而她是又累又气,再回想这半天的经历,她差点哭出来。

老公和公公婆婆赶紧过来解围。婆婆把孩子抱走,老公留下来劝她,说:"不就是一根棒棒糖吗?她也不可能真的一口气吃三根,你何苦把自己气成这样呢?"一听这话,A妈妈更生气了,哭着说:"我还不是为了她好吗?吃这么多糖对身体不好。你们就知道让孩子高兴,等她身体出问题了,谁来管?就你们是好人,坏人都让我来当,就我里外不是人!"

那天,我和A妈妈聊了很久,最后总结出,她之所以处处都要拦着孩子,不能痛快满足孩子的需求,是因为:一,她担心会对孩子的身体有影响,这类担心常见于孩子要吃各种零食,或者一直看电视、玩手机时;二,和自己的事情有冲突,比如,下午她要去商场,孩子却要坐摇摇车;三,她担心孩子会被惯坏,比如,买很贵的裙子。

而这三点也是大多数家长所担心的,对此我的解释是这样的:

1.吃零食、看电视会把身体搞坏?身心健康的孩子根本不会如此糟蹋自己

有自主意识的孩子或成年人有时会用拒绝进食或暴饮暴食来

表达自己的情绪，而再小一点的孩子则是直接地高兴就笑、难受就哭，他们不会压抑自己的情绪，所以，吃，对他们来讲，就是真的饿了。

在给可可断奶的那段时间里，他对食物的需求量特别大，因为那不仅仅是食物，更是对他断奶后心理缺失的一种弥补，于是我们放开了给他吃，尽量提供健康的食物。如果他主动提出想要吃糖或者蛋糕，我们也绝对满足。过了不到一周的时间，他就自己调整回了正常的饮食规律。

对于垃圾食品，你越是拒绝提供，孩子就越是想要。你放开了给他吃，同时提供健康的饮食，他自己很快就能分清哪个吃了会更舒服。

看电视、玩手机上瘾，那其实是除了电视、手机，他没别的可以玩了。如果你愿意带孩子去户外活动，或者在家花心思陪他玩，他还会看电视、玩手机吗？

而真正暴饮暴食，沉迷于电视、手机的，往往是成年人。明明是自己想那样做，但又害怕产生的结果，于是就把这种对欲望的恐惧投射到了孩子身上，通过控制孩子来缓解自己的焦虑。

2.当孩子的需求和自己的需求相冲突时，描述事实才是最重要的

成年人习惯性地用成人的价值观来判断一切，比如，去旅游就一定要把各个景点都转一遍，而不是只在酒店大堂里躲猫猫。

如果你的意愿从小就不被父母尊重，你会慢慢习得他们的做

法，认为孩子的想法都是不重要的。更可怕的是，由于一次次地不被尊重，你会觉得只要别人和自己想法、做法不一致，他就是在和你过不去，于是就会出现：孩子觉得坐摇摇车更重要时，你会暴怒，因为你觉得她是在故意惹你生气。其实，她只是在那一刻觉得玩摇摇车更重要。

当孩子的需求和你的需求相冲突时，你可以直接说："妈妈这会儿想要去商场，如果现在不去，妈妈会不高兴。我们能不能商量一下，回来再坐摇摇车？"只要你不去指责她不听话、不懂事，你就会发现，孩子往往比大人讲理得多。

3.溺爱孩子的家长只是通过满足孩子来满足自己

我曾看到过这样一句话：老是担心溺爱孩子的家长，就好比一口枯井成天担心自己会把村子淹了。爱，从来都是美好的，真正会伤害到孩子的，是那些打着爱的旗号的控制和自私。

溺爱孩子的家长也并不是真的爱孩子，而是通过满足孩子来满足自己。就好比你小时候特别喜欢吃巧克力，但你爸妈就是不给你买，等你有了孩子后，你巴不得把全世界的巧克力都买给孩子吃，但孩子只喜欢吃棒棒糖，他对你给的巧克力并不领情，可能还会生气，说你不懂他，于是你会说："这孩子都被我惯坏了。"

家长时常会担心，如果我一直满足孩子，他会不会得寸进尺，要求变得越来越多。其实永远欲求不满的人，是家长自己。孩子是最知足的，填不满的是成年人内心的欲念。可笑的是，总

有人打着这样的旗号变着法儿地不满足孩子，看到孩子和自己当年一样痛苦，他就安心了。

都说天底下没有不爱孩子的父母，但有太多的案例让我们认识到，有时这种"爱"还不如没有。如果要说怎样爱孩子才会万无一失，那么，我认为是：尊重孩子。如果我不懂，那我宁可不教育，也不会为了为人父母的面子，为了所谓的"为你好"而去教育孩子。

孩子并不属于我们，他们只是经由我们来到这个世界上，他们有自己的人生，过好、过坏都不是我们所能控制的。与其费尽心思掌控孩子的一生，不如认清事实，让孩子去寻找属于自己的生命轨迹。

3

第三章

心理健康：
没有什么能比孩子的心理健康更重要

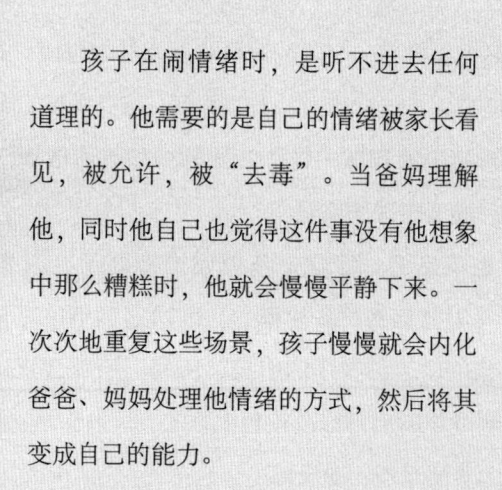

孩子在闹情绪时，是听不进去任何道理的。他需要的是自己的情绪被家长看见，被允许，被"去毒"。当爸妈理解他，同时他自己也觉得这件事没有他想象中那么糟糕时，他就会慢慢平静下来。一次次地重复这些场景，孩子慢慢就会内化爸爸、妈妈处理他情绪的方式，然后将其变成自己的能力。

孩子出生后的头三年，是家庭教育的关键期

关于育儿，有一个观念一直深深地刻印在我们的脑海里：孩子出生后的头三年，对他的一生影响是很大的。

头三年基本奠定了一个人的人格基础，其中包括：安全感、自信心、竞争能力、抗挫折能力、人际关系、感受幸福的能力等。

人格发育就像滚雪球一样，开始的内核是否健康、稳定，会直接影响最后成型雪球的质量。

当然，也不是说过了这三年就完全没救了，只是再去救的话，会比这三年要耗费更多的精力。因为这三年也是人一生中大脑发育最迅猛的阶段，孩子的所见、所闻、所感会直接影响大脑的结构，等到成年以后再想改正是很难的。

1. 一岁之前的重点：安全感

对于一岁以内的婴儿来说，只有安全感才是最重要的，其他都是次要的。这是每个人人格的核心，或者说"地基"。如果

"地基"没打好,楼盖得再高也没用,因为风一吹就倒了。

做法:尽可能无条件、即时地满足婴儿的各种需求。

举例:哭了抱起来,饿了喂奶,困了哄睡,烦了逗乐子,生气了给他当人肉沙包。把自己想象成是宫廷总管,要全心全意伺候好婴儿这个"主子"。

人员配备:全家动员。婴儿的需求很多,如果全交给妈妈,妈妈一定会崩溃。如果把妈妈累坏了,对婴儿来说也是巨大的伤害。如果想让婴儿的身心都能健康地成长,就需要全家轮班带孩子,而不是只由某一个人来完成。

雷区:延迟满足、刻意的挫折训练。对连生存能力都没有的婴儿进行此类"意志力训练",只会得到一个结果,那就是彻底摧毁他的意志力。

备注:妈妈不要对自己的能力抱有不切实际的幻想,觉得能靠一己之力满足婴儿的所有需求,不然就不是好妈妈。即使是全家动员,也不可能做到百分之百地即时满足,更不用说是一个人了。如果迫于现实的压力只能自己带孩子,那就请把标准调低。你无须内疚,一个人带孩子,能保证自己和孩子都好好的,就已经很不错了。

2.一岁至三岁的重点:规则感、独立意识

在一岁以后,很多孩子就开始逐渐进入了第一个叛逆期。叛

逆是因为孩子开始有自我意识，开始人格独立了。而独立的过程就是和规则碰撞、磨合的过程，也是家长最难掌握度的过程。大多数成年人自己当年这个阶段都没过渡好，所以，面对这个时期的孩子就更头疼了。

做法：尊重孩子的独立意识，提供有弹性的规则框架。

举例：他要挣脱你的手时，你就应该松开；他要去摸这摸那时，你只需要保证他的安全，不要过分阻拦；大部分时间里，不允许他把水弄得浑身都是，但偶尔放纵也是可以的。想象自己是一张有弹性的网，孩子可以透过网孔看到世界、接触世界，同时也被网保护着。

人员配备：全家动员，其中妈妈可以适当后退一点。进入学步期后的孩子，足以累垮一个成年人。出于可持续发展的考虑，最好还是全家人配合养育孩子。而"独立"这个议题，往往是妈妈跟不上孩子的脚步，有可能无法接受孩子对自己的"抛弃"，所以妈妈需要先下手为强，主动退后，多留些时间给自己，而不要每分每秒都和孩子黏在一起。

雷区：过分捆绑，过度严厉。一个总想黏着孩子的妈妈和一个十分严厉的爸爸，就是这种情况的极端表现。该独立的部分被过度亲密毁了，该灵活的部分被过度死板和过度严格毁了。这种情境下，孩子基本就迈不过心理发育这道坎儿了，很容易变得偏执，还爱与大人唱反调。

备注：在妈妈一人带孩子的情况下，就得麻烦妈妈偶尔丢掉自己的母亲身份，扮演爸爸。如果一直做一个慈母，孩子就会一直是个婴儿，无法长大。你也可以多带孩子参加一些户外活动，接触不同的人。

3.三岁至六岁的重点：社会关系、冲突和竞争

三岁以后最主要的两个变化：一是孩子开始出现性别意识，二是孩子进入了幼儿园。性别意识让孩子逐渐增强了自己的社会身份感，不再是宝宝了，而是男孩或者女孩。入园后的小社会就是实践的过程。如何交朋友、如何面对冲突和竞争，是我们一生都要面临的问题，而最初的模板就是在这一时期诞生的。

做法：培养并尊重孩子的性别意识，和孩子的社交保持一定的距离。

举例：分床睡；进行基本的性别教育，给孩子做好性别榜样；对孩子的交友方式尽量克制不去干涉。只要孩子没有出现严重问题或者主动求助，就给他空间让他自己去摸索，毕竟那是他的朋友。

人员配备：父母。同性别的家长要做好榜样，让孩子有参照，有精神偶像。异性家长要明确，孩子不是你的小情人，不管上辈子是不是，反正这辈子不是，请记住自己的身份，不要"勾引"或者"被勾引"，把孩子当作自己的情感依靠。如果是单亲

家庭，请给孩子寻找一个良好的同性或异性参照模板，可以是爷爷、姥姥、叔叔、小姨，或者幼儿园老师，甚至是小卖部老板。要尽量避免只有你和孩子这样单一的人际圈。

雷区：不尊重孩子的性别意识，去逗弄或者随意触摸孩子的隐私部位，嘲笑或者故意混淆孩子的性别；同性家长和孩子吃醋，异性家长和孩子结盟。过度干预孩子的社交：他和小朋友吵架了，你去问责；他不敢交朋友，你去帮他交。这么做其实是在告诉孩子：你不用长大，让我来。

备注：家长一定要控制好自己，不要随意破坏孩子的身体边界和心理边界。

孩子的成长是一个逐渐与父母分离的过程，只要能够做到尊重孩子、为他提供成长的空间以及他所需的安全感，即使不懂上面所讲的这些，也算是合格的父母。当然，上述内容都是说起来容易，做起来难，但知道总比不知道要踏实一些。

"可怕的两岁"：幼儿使用说明书

我经常跟大家说的一个育儿观点是：孩子两岁以后的哭闹、霸道、不讲理、自私、任性等，都是正常的。如果你正在被这一时期的孩子折磨，那这篇说明书正好可以帮你深入了解你家"小怪物"的内心活动、行为特点，以及与他们和平共处所必备的技能。

第一逆反期，俗称"可怕的两岁"

每个孩子在两岁左右都会经历一个如狂风暴雨般的时期，这就是"第一逆反期"，也称"可怕的两岁"，我也把它称为"执拗期"。如果过渡得好的话，基本到孩子上小学时结束；如果过渡得不好，可能一直到成年后性格里还会有大量这一时期的特点。

那么，这个阶段孩子叛逆的是谁呢？当然是那些处处想要控制他的成年人。这时孩子刚从和妈妈你我不分的状态中走出来，决定要为自己做主，但因为年龄尚小，尺度还把握不好，所以经常会在坚持自我这件事情上用力过猛，从而给全家造成困扰。

家长往往一时接受不了自己的宝宝突然变成"小怪兽"，所以会有暴怒、伤心、内疚、失望等情绪，从而对家庭氛围造成不良影响。故而我们将这一阶段称为"可怕的两岁"。

幼儿症状简介

1.声嘶力竭地哭喊：不达目的，誓不罢休。由于语言贫乏，自己的意愿通常只能通过哭喊、尖叫来表达。

2.捉摸不透的情绪爆发：饼干缺了一块；坐电梯没让他按楼层；小猫不听他的话闭眼睛；你唱了他喜欢的动画片主题曲；你出门涂了口红，不让他涂……在这些情形下，孩子就像一个偏执狂和重度强迫症患者的综合体，每一个细节都能引发他的情绪小火山。

3.人际关系恶劣却不自知：严格奉行"你的就是我的，我的还是我的"这一人生信条。看着他和别的小朋友玩，你要随时做好拉架的准备，或者戴一个面具，把自己的脸挡起来。他不在乎面子，不害怕冲突，也不懂友情的互利互惠。

4.偶尔像天使，麻痹敌人：由于此阶段的孩子"妙语连珠"、暖心体贴、又傻又可爱，因此经常会让家长误以为自己的孩子就是个小天使，于是家长心甘情愿地面对这种长期的精神与肉体的双重折磨，还会找各种文章、资料来学习，研究如何让孩子更快乐、更健康。

症状的意义

1.进入这一阶段,标志着孩子的"自我意识"已经开始萌发。在和父母较量的过程中,孩子已经开始脱离之前和妈妈共生的状态。"我之所以是一个独立的个体,就是因为我和你们俩都不一样。不听话,就是我表达自己不一样最直接的方式。"

如果一个人没有自我意识,以后就可能会变得迷茫、软弱,找不到自己活着的意义,只能以他人附属品的形式存活于世。

2.通过拒绝、坚持、认怂等过程,孩子会慢慢学习到与他人相处的游戏规则,比如抢玩具时力气最大的最厉害,打不过就跑等。除了正面冲突,交换玩具也能达到自己的目的,这就等同于成人世界里的:认清自己的实力,懂得自保;化敌为友,实现共赢。

人际关系的技巧是孩子在互相打闹—和好—打闹—和好的过程中慢慢习得的。最初看似不讲理、横冲直撞的孩子,经过"社交"的历练,会逐渐找到自己和他人相处的平衡点。

育儿要点

1.要足够包容

面对执拗期的孩子,最重要的就是在心里默念:他"有病",我要足够包容。

这并不是在骂孩子,而是这个年龄段的孩子确实"有病"。

我们用对待重症强迫症病人和偏执型人格障碍患者的态度去对待他们,可以确保相安无事。

2.你不需要太放纵,也不可以太严格

孩子会通过自己的坚持来试探你,同时也是在试探这个世界的规则。如果他的行为让你很不舒服,你需要让他知道,这就好比他在外面抢其他孩子的玩具会被打一样,被打一次之后,他就知道不能硬抢了。

你需要比外面的人对他更宽容一些,好让他感受到来自家庭的安全感,但又不能完全无底线地放任,那样他会一直去寻找你的底线。

3.用分享感受来代替部分讲道理

我建议你不要过多地讲道理的原因是:他们根本听不懂,不要高估孩子的心智水平。

你说:"你要学会分享,分享是一种良好的品质。"不如说:"如果你们一起玩,小朋友会很开心,你也会比一个人玩更开心。"

你说:"你这样做很不安全,不可以这样。"不如说:"你这样做妈妈会担心、害怕,你自己也可能会受伤。"

你说:"叫阿姨啊,你要懂礼貌。"不如好好劝劝自己,两岁的孩子叫什么人,你自己小时候被爸妈逼着叫人的场景,你都忘了吗?被逼着叫人对学习尊敬长辈有帮助吗?这种事儿你示范就行了,孩子总有一天会学会。

4.接受自己的不完美

换句话就是：你自己都不完美，又怎么能苛求孩子完美呢？

两岁左右的孩子是最擅长让父母丢脸的。如果你本来就对自己有诸多不满，恰好孩子的表现又不符合你心中的预期，这时你就很容易暴怒。这时的火气不仅是针对孩子的，更多是针对自己的。

放过自己，才能更心平气和地与孩子相处。大不了下次他再闯祸时，你就假装不认识他。如果你家的孩子已经超过两岁，却丝毫没有一点和你对着干或者脾气不好的情况出现，那你就应该反思一下你的家庭环境，是否哪里出了问题，才导致孩子不能安安心心地当孩子，而是要通过表演乖巧、懂事来让大人省心。

有人说，一想到为人父母不用考试就觉得很可怕。但我想，如果真的有生娃前的培训课程，大部分爸妈还是愿意去学的，毕竟，面对一个满是"漏洞"的婴幼儿，没人不需要指导。家长也别对自己要求太高，还是那句话：育儿路上，我们一起慢慢走。

孩子的执拗期，
持续多久才算正常

妈妈群里曾有人提问："粽子啊，孩子的执拗期到底要持续多久啊？我感觉快扛不住了。"

群里孩子年龄差不多的宝妈们纷纷附和："就是，就是，我家的孩子已经持续半年了，啥时候是个头呀？""半年？我家都一年了。""老母亲已经佛系了，由他去吧，我斗争不过，已经放弃抵抗了。"

在此，我先重复一下在前面所讲过的执拗期"可怕的两岁"到底是什么。

定义：这是人一生中的第一个"叛逆期"，孩子会用尽全身力气，不分青红皂白地跟你"作对"。

意义：这标志着孩子的自我意识开始萌发，开始明白我和爸爸、妈妈不一样，我要为自己做主。

在此之前，家长所经历的孩子的"闹"，可能只是闹瞌睡、好动、出牙一类的，这种闹的周期都不会太长，最多一两个月，会让你有喘息的机会。

但是，执拗期的闹就不一样了。没见过哪个孩子的自我意识出现以后能再消失，并且，正常情况下，自我意识会像一株小嫩芽一样逐渐长大，变得越来越不可忽视。因此，与其说这是孩子的执拗期，不如说是家长的调整期。它能让你逐渐学会把孩子当作独立的个体来对待，而不仅仅是"我的"孩子。

就拿我和可可的相处来举例吧。可可的执拗期叛逆大概是从一岁多开始的，到我写书时已经三年了。这么一想，还是有点可怕，四岁的孩子就叛逆了三年。

他一岁以内时，我的心态是：尽量满足他的需要，给孩子满满的安全感。可可是标准的高需求宝宝，对拥抱、母乳、关注都有极高的需求，不喜欢自己玩，只喜欢互动。那段时间，半夜我要不断地起来喂奶、查看，支撑我的动力是：长大断奶了就好了，慢慢能沟通了也就能商量了。

其实，在孩子一岁以内，除了一些生理需求要大人给予满足，其他方面孩子是很容易被大人控制的，比如不能去的地方，你把他抱走就行了，反正他自己也去不了；不想让他玩什么，转移一下他的注意力就能搞定；不吃饭，不睡觉，可以哄骗，大多数情况下都能奏效。尤其是小宝宝，只要带出门，外界信息量一大，他的大脑就自动"关机"了，能够很快入睡。总体来说，不需要太跟孩子钩心斗角。

等孩子一岁多会走路了，他就不那么受控了。首先，他能自己移动以后，家里的玻璃杯、热水壶、插线板，就要该转移的转移，该藏起来的藏起来；其次，一岁多的孩子已经不那么"好骗"了，不会轻易忘记自己刚才想要什么。他虽然不会说，但是会用肢体语言和哭闹来表明不达目的誓不罢休。

因为这个阶段的孩子还不会说话，所以有时我们会用装傻来回应他的需要。记得我给可可断奶时，我就抓住了这一点。他"啊啊啊"地指着放安抚奶嘴的地方，我们就集体装傻，然后拿别的玩具给他，或者哄他、逗他，过了一两周，他就把安抚奶嘴忘了。不过，记性越来越好，也是孩子自我意识越来越清晰的重要表现。

两岁多以后，孩子开始说话了，记忆力也越来越好了，刚好也进入了自我意识爆发的阶段，真正的"苦难"就从此时拉开了序幕。

具体的事件我就不一一举例了，因为说多了都是泪：被气哭过，被气得胃疼过，被气得头疼过，被气得吼他后又给他道歉。

直到可可三岁多上幼儿园了，这种情况才好转。首先，因为白天一整天都见不到，所以晚上回家见到他我就觉得格外亲切，脾气好了很多，忍耐值也逐渐提升。再次，进入幼儿园以后，老师在学校给孩子建立了很多规则，我们也会向老师学习与孩子沟通的技巧。学校和家庭的规则基本保持一致，孩子就能适应得快一些，看起来也更讲理一些。

和可可相处我们有两个准则：一是，不是原则性的问题（安全），一般都会依着他；二是，不同意的事情，我们会提出意见，如果他不同意，一般我们会选择折中或者依他。

可可没变，反倒因为他逐渐长大了，个人主意越来越正，所以我们在学着尊重他、理解他，站在他的角度思考问题。就连一贯严格的姥姥，有时甚至比我更能理解可可。有时候我脾气不好，惹到可可了，姥姥还会认真地让我给可可道歉。

这样的教育并没有培养出一个飞扬跋扈的孩子，反而因为他得到了足够的尊重，所以大多数时候他也很尊重别人。

六一节活动，小朋友们都在帐篷里玩，不知道什么原因，苗苗很生气地在打可可。我很怕可可会还手，因为他下手没轻没重的，但他的反应让我很为他骄傲。他把手比成奥特曼的样子，生气地喊着："biubiubiu！你是不会伤害我的！不会打赢我的！"

过后，小朋友去会场做活动时，可可还问苗苗："苗苗，你还生气吗？"苗苗摇摇头。可可很开心地说："那我们还是好朋友！"

可可也经历过一不开心就打人，怎么说都不听的阶段。我们除了制止，不会过分责备他，更不会上升到道德层面，只是一次次地制止，然后告诉他该怎么做。平时，我们也是先从自己做起，尊重他、理解他，慢慢地，他就变得越来越"懂事"了。

其实执拗期叛逆、青春期叛逆都是伪命题，只是成年人没有做好准备和孩子平等对话，没做好准备去理解孩子的世界，所以觉得孩子格外不可理喻。当然，这种心态的转变也是需要时间的，只要有这个意识，什么时候开始都不晚。

　　还有最重要的一点：磨合着，改变着，孩子也就慢慢长大了。希望就在前方，家长朋友们加油！

生气、伤心、害怕，都是不好的吗

一天，我刷微博时，看到一位博主分享了自己的一个小故事：过安检时，孩子因为棒棒糖丢了，很崩溃；妈妈一个人带着孩子过安检，还要安抚孩子的情绪，妈妈也很崩溃。这时，出现了一个人，安抚了宝宝，这样也就等于安抚了妈妈。妈妈并不是真的想跟孩子发火，想惩罚孩子，而是自己的情绪也处在崩溃的边缘。当有人帮助她平复孩子的情绪后，妈妈也平静了下来，主动蹲下去握住孩子的手，向孩子道歉。

我被问到最多的问题就是：如何处理孩子的情绪，以及如何控制自己的脾气。我们似乎都把情绪当作敌人，动不动就要控制情绪，甚至要消灭情绪。实际上，我们最该做的是给情绪一些时间，给自己一些时间。

很早以前，我参加了一个心理学沙龙，其中有一个女孩分享了自己的成长经历。她的妈妈是一个很克制的人，脸上时常看不到任何表情。让她印象深刻的是，小时候，有一次老师通知大家下周要组织春游，她非常兴奋，回家拉着妈妈又笑又跳说个不停。妈妈直接给了她一巴掌，让她安静下来，因为妈妈觉得女孩子高兴成这样"不成体统"。

从那以后，她也变得很克制，开心、生气、伤心都憋在心里，因为这样才是稳重、端庄的表现，甚至在看到班里同学开心地打闹、伤心地大哭、高声吵架时，她都会在心里"鄙视"他们，认为他们是不知羞耻的。

后来，她上了大学，有一次去参加心理学讲座，老师告诉大家，情绪是我们心灵重要的组成部分，无论是消极情绪还是积极情绪，都是正常的。人有情绪，就像人有眼睛、耳朵、鼻子一样，是很自然的生理属性。过度压抑、控制自己的情绪，反而不利于心理健康。

她说，那天参加完讲座出来后，觉得自己像一个刚从坟墓里爬出来的人，呼吸了一口新鲜空气。轻松感过后，她的内心是深深的委屈，觉得自己这些年过的都是什么日子！

记得网络上有段时间特别流行一种言论：成年人的情绪是不值钱的，成熟的人是没有情绪的。其实，没有情绪也是心理不健康的表现之一。

再回到养孩子这件事。成年人唯一能够毫不犹豫就接纳的孩子的哭声，大概只有孩子出生时的那一声啼哭了。再往后一点，要么是觉得费解：他为什么哭啊？他到底哭什么啊？要么是觉得

第三章 心理健康：没有什么能比孩子的心理健康更重要

生气：哭哭哭，有完没完啊？

再大一点，情绪要背负的罪名就更多了：不懂事、不听话、脾气不好、性格暴躁、不懂得分享、抗压能力差、软弱等。

我们可以回忆一下自己的青春期，那时我们已经很少让别人尤其是父母看到我们哭了。成年之后，好多人都是借着酒才能流下眼泪，再后来，就变成怎么哭也哭不出来了，仿佛泪腺已经坏死。

直到老了，人又会因一些小事而使情绪有很大的波动，变成一个"老小孩"。其实一辈子大风大浪都经历过了，真的承受不了那些琐碎的事吗？不是的，他们是在表达那些压抑了大半辈子的情绪。

整个社会，几乎都在提倡压抑情绪、控制情绪，很少有人能给情绪一些时间和空间。如何让孩子成为情绪的主人？第一步就是：我们要给他时间和空间去体验情绪从唤起到淡化的过程。

这个时候不要急着去打断、制止或转移孩子的注意力，而应该陪着他体验整个过程。而体验的过程就是他了解情绪的过程。对于还不会说话的小宝宝，大人给予陪伴和理解就够了。对于已经能正常沟通的孩子，则可以在他情绪平复后，和他一起回忆刚才他经历了什么，有什么感受，又有哪些变化。

这样，一次次的体验，就会被孩子内化为自己的经验：不同的情绪会引起自身不同的反应，有的会让我伤心，想哭；有的会让我心跳加速，觉得很气愤，想破坏东西或者攻击别人；有的会让我很开心，想笑，想闹；有的会让我脸红，觉得害羞，不好意思……当你明白你在经历什么时，你会变得更能掌控自己。许多人生气时是不承认自己正在生气的，这种拒绝和否认会增加情绪的张力。而一旦你能够表达出"我现在正在生气，我很愤怒"时，愤怒的情绪反而会减弱一些。

对孩子来说也是一样的。如果我们制止、压抑他的情绪，试图让他觉得有情绪是可耻的，那只会增加孩子的无助和愤怒，以及对情绪的羞耻感。也许孩子会为了避免体验到羞耻的感觉而变得"情绪可控"，但也为未来产生心理问题埋下了伏笔。

对那些已经习惯斥责、压制孩子情绪的家长来说，改变从什么时候开始都不算晚，只要你在改变，就会有好的结果出现。同样，想要不拧巴地对待孩子，就得先不拧巴地对待自己，因为你只有接纳了自己的情绪，才有可能接纳孩子的情绪。

心理健康的孩子，
都能痛快地对父母发火

好多妈妈向我咨询关于孩子打人、发火的事情，觉得孩子的脾气是不是太大了，自己大部分时间都是可以理解孩子的，觉得孩子生气是正常的，但家人总是不理解，觉得妈妈太惯着孩子了，这样下去，孩子的脾气会变得越来越差，以后一定会出大问题。这里，我就和大家讲讲针对孩子发火，到底应该怎样处理才是科学的，才是对孩子的身心健康有益的。

英国心理学家、依恋理论之父约翰·鲍尔比所著的《情感纽带的建立与破裂》里有这样一段描述："对于儿童来说，没有什么比坦率、直接和主动地表达敌意与嫉妒更有帮助的了。对于父母来说，也没有什么职责比平静地接纳诸如'妈妈，我恨你'或'爸爸，你这个畜生'之类的表达更有价值。我们通过接纳儿童的情绪向他们表明，我们不害怕怨恨，也相信他是可以得到控制的。此外，我们也给儿童提供了一个有利于其自控能力发展的宽容氛围。"

书中这部分内容向我们展示了孩子能够对父母表达攻击、表达愤怒,对他们的心理健康发展极具价值。但现实中,情况却不是这样的。父母一般会通过以下两种方法来阻止孩子发脾气:一,以暴制暴,通过更强硬的打骂来镇压;二,让孩子觉得自己的脾气对父母造成了严重的伤害,让孩子产生内疚感,从而压制孩子的情绪。

面对第一种情况,有妈妈问我:"孩子打我真的很疼,我能还手吗?"我回答:"如果你很生气地打了你老公,你老公能还手吗?"她一下子就明白过来了。

如果父母习惯性地用这种方式来应对孩子的攻击,那么孩子就会觉得暴力是可以解决问题的,长大后容易发展出暴力行为,更叛逆,严重的甚至会走上违法犯罪的道路。

第二种情况就好比是孩子生气打了你,然后你说自己有多痛、多伤心,孩子真的就信了。如果父母习惯用这种方式来应对孩子的攻击,孩子会逐渐压抑自己的攻击性,由对外表达逐渐转变为对内消化。也就是说,孩子会发展出过多的内疚、自责,甚至以后会习惯性地寻找贬低自己的伴侣或者朋友。

市面上畅销的育儿类书籍,大多都是教你如何训练孩子,这些训练方法里,不可避免地会加入各种惩罚手段,即使是看起来相对温和的惩罚手段,其本质也是认为孩子是需要被纠正的,而并不认为这是孩子成长过程中需要被理解的正常阶段。

我曾经提到的睡眠训练也是一样。不是说睡眠训练完全不可以进行，而是我们要明白，睡眠训练是为成年人服务的，是为了让成年人更轻松，而不是为了孩子好。

在妈妈自身状况不允许且没有帮手的情况下，妈妈先"保全"自己是完全可以理解的。只是即便是这样的初衷，也一样会给孩子造成一些心理发育上的影响。等孩子逐渐长大后，妈妈的精力恢复了，家里人也能来帮忙时，可以慢慢补偿孩子。

但这不能被理解为：我训练孩子就是为孩子好。孩子需要的，真的不是被训练，尤其是婴儿，他们需要的是最大限度地被满足，这样才能保证他们最完好地发育成长。当我们无法避免地让孩子去体验挫折时，我们心里要明白，这是遗憾，而不是把这些挫折等同于"为孩子好"。

一次和朋友聊天，我们聊到为什么现在很多人都推崇"驯兽式"育儿。这件事是有历史基础的。我们的爷爷、奶奶辈儿，面临的最大危机就是生存，战乱、饥荒让大部分人根本无法正常生活。他们最喜欢做的就是囤积，剩饭舍不得倒，穿了十几年的衣服舍不得扔，即便是家里用剩的布头也要留下来，为的是某一天可能会用到。

当人最基本的生存安全感都无法满足时，还谈什么尊重、包容？他们对孩子最大的期盼就是活下来。在这样的环境下，父母更容易出于生存焦虑和恐惧而牢牢地控制孩子，以及让孩子承接自己的焦虑，有谁能给到孩子成长所需的爱？

所以，我们父母这一辈人，最大的特点就是"能忍"。他们可以为了保持婚姻的完整，而陷在一段恶性循环的关系里一辈子，因为他们从小就习惯了忍受父母对待自己的方式，且整个社会都是如此，他们也并未觉得有何不妥。

从小吃苦习惯了，会一辈子都吃苦，所以，即使我们这一代出生时已经没有物质上的担忧，但父母还是会流露出对生存的各种焦虑，总觉得钱不够，要节约，不提倡创业，而是希望孩子能找个"铁饭碗"。教育方面他们更是觉得不打不成才，从小就各种高标准、严要求，他们认为只有这样才能最大限度地保证孩子长大以后能够自力更生。

而我们这一代人的成长模式几乎是一样的，所以，当我们有了孩子，接触到发达国家的育儿理念以后，自然会与之前的观念和做法产生许多冲突。

我们的大脑告诉我们什么才是对孩子心理健康有好处的育儿方式，但我们的身体记忆仍忠诚于父母对我们的养育方式。

如何让我们最深层的身体记忆也变得和大脑一样有爱呢？那就是要主动去追寻、去创造爱与被爱的瞬间。在和孩子的互动中，你能够体验到什么叫无条件的被爱。孩子不在乎你的美丑、贫富，甚至你对他发火，他转头还是会要你抱，对你笑。

但我们也不能把全部的情感都寄托在孩子身上。过度的亲密会让我们不愿意和孩子分离，不愿意让他长大，因为成长就意味着分离。所以，我们还是需要去发展属于自己的情感生活，无论是和伴侣、朋友还是同事。

过早成熟的孩子，
会有哪些成长隐患

我读过一本关于儿童心理治疗的书——梅兰妮·克莱因的《儿童精神分析》。书中第三章讲述了一个详细的案例，一个六岁的女孩，有很严重的强迫症、抑郁症症状，学习能力也受到严重抑制。案例较为复杂，我就不一一赘述了。

值得一提的是，这个案例中，治疗师最后总结的孩子发病的原因里有一点，叫作"自我发展过快"。治疗师描述孩子在一岁左右时，妈妈对她的要求比较严格，尤其在个人卫生方面，会要求她把自己收拾得很干净。这个孩子适应得很好。结果，在她三岁左右时，表现出近乎强迫性地想要弄脏、弄乱环境和自己。

一开始我很费解，自我发展得快，难道不是儿童心智发展得好的表现吗？后来与人讨论，我才明白了其中的原理。这就好比把孩子的心智发育比喻为一杆会随着年龄增长而不断增大称重范围的秤。一岁时，这杆秤能承受一个苹果的重量，你却放了一个哈密瓜，当时秤杆外观看着没坏，其实内部的一些元件已经出现损伤。如果日后"风平浪静"还好，一旦外界出现一些干扰，比如谁不小心把这杆秤碰了一下，本来正常的秤是可以承受这样的冲撞的，但内部被压坏了的秤可能就直接散架了。

因此，在孩子六岁以内，不要定太多的规则，因为他们的心智承受不了。也许他看起来适应得不错，听话懂事，更成熟，更省心，但这样的省心和早熟是产生心理疾病的隐患。

大家可以试着在浏览器里搜一下注意力、专注度、逻辑思维这类词语，跳出来的一定都是相关的儿童培训课程。其实，这些根本不需要培养，只要我们不去破坏就行。比如，有的家长看见孩子在专心地做事情，就忍不住要去打断一下，问他渴不渴、热不热。还有一部分家长对孩子的注意力发展心里没底，对一岁的孩子就有两岁甚至三岁孩子才能达到的要求，美其名曰"不能输在起跑线上"。

这样的培养，需要考虑的不是孩子会不会输在起跑线上，而是会不会被累倒在起跑线上。以下是五岁以内不同年龄阶段的孩子注意力能够保持的平均时间，可供大家参考和比对：

孩子集中注意力的时间和年龄

年龄	时间
一岁以下	不超过15秒
一岁半	对有兴趣的可集中5分钟以上
两岁	平均时间约为7分钟
三岁	平均时间约为9分钟
四岁	平均时间约为12分钟
五岁	平均时间约为14分钟

注意，这里指的是平均时间，就和平均身高、平均体重一样，只是说明在这一区间的人最多，而不是多一点、少一点就有问题，略微的浮动都属于正常。即便是同一个孩子，他和其他小朋友玩游戏的专注时间、看动画片的专注时间都是有区别的。

拿注意力来举例，是因为有具体的数字可以呈现，看起来更直观。生活中还有许多别的事情也容易揠苗助长，比如情绪控制、如厕训练、自主进食、自主入睡等。如果想判定你是不是在催着孩子超前发育了，那就要看这个行为是孩子自发的、自愿的，还是你认为这是他应该掌握的。

再举个例子，如厕训练一般在孩子两岁以后进行，因为这时大部分孩子的括约肌才发育好，可以控制排便了。在此之前的"训练"，都只是家长在不断地捕捉孩子的排便信号，让孩子看起来能够规律控制排便而已。实际上这一功能的生理基础都还没发育好，超前训练可能只是家长想要证明自己的孩子天赋异禀。

对孩子来说，当他被强行训练一个还无法掌握的能力时，挫败感和羞耻感会充斥其中。短时间内会出现的情况就是：孩子的如厕训练容易反复，会时不时出现拉裤子、尿裤子等行为，而且怎么说都没用，孩子的情绪也会变得低落或易怒。

从长期来看，这样的养育过程会让孩子更讨厌挑战，抗挫折能力更差，情绪自控力的发展也会受到抑制。

家长重视教育没有错，但现在市面上有太多的教育机构，根本不是在给孩子提供合适的教育，而是把目标对准父母。如果作为父母的你很焦虑，那他们就会让你觉得他们的课程可以缓解你的焦虑；如果父母不焦虑，那他们就想方设法地激发你的焦虑。你看别人的孩子在我们这儿学了多久之后变得多么优秀，如果你的孩子不学，以后就会落后，就会没出息。商家挣到了钱，父母缓解了焦虑，而唯一被牺牲的，就是孩子。

教育应该是顺其自然和因材施教的。那些一味地对孩子进行超前教育的人，根本没有好好去研究孩子身心发展的规律。意识层面上，他们觉得自己这样做是为了提升孩子的竞争力，不被社会淘汰，以后能过上好日子；而潜意识层面上，他们把孩子的人生当作了自己施展"拳脚"的竞技场。

他们也并非不重视孩子，只是他们重视的是如何在竞争中获胜，想方设法地去开发孩子的大脑和能力，却从没思考过孩子的承受能力。只能说，他们重视得还不够全面。

很多人觉得快乐教育是"不负责任"的，这其实也要看各人

对快乐教育的理解了。有人确实是用这一理念来推卸责任的，把孩子丢给电子设备，自己则坐在一旁玩手机、打游戏，美其名曰这就是"快乐教育"。

而真正的快乐教育对家长来说，是要做很多功课、花很多心思的，不仅要研究孩子的身心发展规律，提供合适的教育和环境，还要面对和处理自己在育儿过程中被激发的焦虑、担忧，还不能用"我是为你好"这句话来行使"铁拳"教育。

养育孩子是一件很困难、很精细的事情，每个孩子的特质也不一样，对别人家的孩子进行"鸡血"教育，可能人家就成功了；对你家的孩子进行"鸡血"教育，他可能就会被毁掉。

没有哪种教育理念是可以不经思考就直接照搬使用的。不断地学习，不断地修正自己，认真了解自己的孩子，是为人父母应尽的职责。

如何避免养出
低自尊、暴力、懦弱的孩子

网络上有一个很火的视频，是一个童模在拍摄过程中，被妈妈狠狠地踢了一脚。我想和大家聊聊因这件事而引发的大众关于打孩子的看法。

先来回顾一下这个视频：一个三岁多的小女孩背对镜头，被一名女性狠狠地踹了一脚。后来经媒体了解，踢孩子的正是孩子的妈妈，而被踢的妞妞则是某网站知名童装模特。随着事件的发酵，还有更多的视频被广大网友扒了出来。

一个是妞妞在工作中被妈妈用衣服撑子打，同样是因为妈妈觉得她不配合，而当时三岁的妞妞已经连续拍摄一整天了。还有一个视频没有拍到打妞妞的人，据网友说也是妞妞妈打的。那段视频里，妞妞没有听指挥摆好姿势，被打了一下后，瞬间呈现出专业的可爱笑容，进入工作状态。

最初在微博上大家的态度都是愤怒且不满的，觉得再怎么样也不能打孩子，尤其是孩子还在为你挣钱的情况下。紧接着，妞妞妈妈发表了道歉声明，声称自己没有虐待孩子，只是心情不好，有点着急。后来她又接受了采访，声称自己很辛苦，事情多，很累，因此没有控制好自己的情绪。

在这样的声明发出后，部分人表示：可以理解妞妞妈妈，当妈很辛苦，大家都有情绪失控的时候，打孩子在所难免。天底下没妈妈没打过孩子，也没有孩子没挨过打。

再后来，一些官方大号以及育儿大号发表了九宫格图片，来教大家"如何正确地惩罚孩子"。内容真是让人哭笑不得，尤其是在体罚方面，居然还规定了能打的部位以及力度，以及什么情况下需要打。

文章下面有人反对，但大部分人是支持的，并且表示，孩子听不懂道理，有些孩子屡教不改，只有打最管用。甚至有人用自己的情况举例子，表示自己小时候就经常挨打。还有人感恩自己的父母，正是因为他们打了自己，所以自己才一直走在正确的道路上，甚至表示，自己以后有了孩子，也一定会做一名严格的家长，这才是对孩子负责的表现。

这件事我本来不想再讨论什么了，因为说再多也不能改变妞妞的家庭现状及未来，但我想，我能在这里讨论的是，体罚到底是不是教育？如果是，什么情况下才算是教育，什么情况下不是教育？比如，有人说，如果妞妞是不乖、不听话，教育她，打一下是可以的；但如果孩子是在工作，在替家长挣钱，那就不能打。那么，你到底是如何看待自己所经历的那些体罚的呢？

我想从根源说起：如果一个人觉得自己受到体罚是应该的，这就是教育，是父母负责任甚至是爱自己的表现，那么这个人很大程度上也会体罚自己的孩子，因为在他心里，体罚就等同于爱。

这也就是说，打孩子是爱孩子，那么打老婆也就是爱老婆，因为没有一个男人会说："我打老婆就是为了发泄，是因为我无能。"而是会说："是她一直激怒我，我打她也是因为一时冲动。"更有甚者还会说："我打她也是为了她好，因为她身上的坏习惯太多了，我也是没办法。"

如果你能接受孩子被打是因为爱，那你也一定要接受女人被丈夫打也是因为爱。

你知道为什么女性被丈夫打更容易引起我们的愤怒，孩子被家长打却总有人能理解家长吗？因为前者双方都是成年人，而孩子是绝对的弱者。我们作为成年人，会不自觉地替自己说好话，这与反家暴的大部分都是女性而不是男性是一个道理。

关于体罚的态度：我认为体罚没有任何好的作用，只会打击孩子的自尊心，使孩子变得懦弱，或者认同施暴者，从而自己也变得很暴力。这样下去，孩子会慢慢失去保护自己身体的意识。

你肯定接受不了孩子在外面被别人打，你自己打孩子时却义正词严地说："我是为你好。"那孩子学到的就是：我是可以被打的，我的身体是可以被侵犯的，因为我的父母就是这样做的，

第三章 心理健康：没有什么能比孩子的心理健康更重要

他们这样做时还告诉我，这是为我好，所以，在外面被打时，肯定也是我自己的错。

长期被家暴的孩子，最容易出现的就是低自尊，以及自我意识混乱。比如视频中的妞妞，被打以后，已经失去了正常的情绪反应。她没有哭，没有生气，而是露出了可爱的笑容，瞬间进入了工作状态。不得不说，妞妞妈妈对她这方面的训练是十分成功的，就像马戏团里的驯兽师一样。动物不听话了就会被打，被打以后也不会反抗，而是更加卖力地表演。

这种习得性无助，会让孩子逐渐失去保护自己的意识。无论你的出发点有多好，只要你坚信孩子一定要打，那就是在告诉孩子："你的身体不值得被尊重。"被霸凌的孩子多数都有这样的特质。他们浑身上下都传递出一种"我好欺负"的感觉，而这样的感觉，正是家长孜孜不倦"教育"出来的结果。

有读者问我："如果孩子要去摸电门或者碰开水呢？不打他一下，他都不知道那个东西不能碰。孩子小，又不能沟通，实在没有别的办法啊！"其实，他能有这样的想法，就是因为他自己也没有被尊重过。比如，插座不能碰，可以去买插座保护头；开水不能碰，那就放到孩子够不着的地方。对无法沟通的小宝宝，家长的监护是最重要的，我们不能指望孩子自己监护自己。

这些"解决办法"都被家长无视了，他们唯一能想到的就是打一下，孩子立刻就不敢碰了。这样的思维反映出来的是：当你小时候犯错时，没有人会在意你的想法和感受，只会用强硬的手段教你学乖。

如果你已经打了孩子，也意识到了打孩子不好，那你该怎么补救呢？方式很简单：去向孩子说明，你打他的行为是不对的，并且向孩子道歉，日后尽量控制自己的行为，这样就够了。如此，孩子的心里就不会觉得别人侵犯我，甚至伤害我是为我好。只要没有这个想法，孩子的心理健康就有了最基本的保障。孩子是能接受一个情绪偶尔失控的不完美的妈妈的。

过分懂事的孩子，
不值得父母骄傲

曾有一档热播节目叫《少年说》，其中一期被很多媒体转发，题目基本是"家里有一个十分懂事的女儿是什么体验"或者"懂事的女孩太感人了，看哭了"这一类的。

节目中，一个读初中的女孩站在高高的讲台上对妈妈喊话。喊话的内容大致如下：女孩的妈妈刚生了二胎，是个弟弟，女孩说自己一直都很懂事，但她也因此觉得很辛苦，希望刚出生的弟弟不要太懂事，能够为自己而活。

看到这里时，我很心疼这个孩子，也惊叹于她的勇气，敢于表达自己因为懂事所承受的巨大压力，也敢于当着这么多人的面让弟弟以后不要太懂事，做自己。

紧接着，她话锋一转，希望弟弟要理解"刀子嘴，豆腐心"的爸爸，"不要和爸爸顶嘴"，希望弟弟懂得感恩，因为妈妈为了生他付出了很多，很辛苦。上面刚说完希望弟弟不要太"懂事",要做自己,怎么一下子又希望弟弟要懂事呢?

这时,台下的妈妈发话了。妈妈说二胎是女儿鼓励自己生的,自己并没有生二胎的打算,而是女儿一直担心,自己长大了去外地上大学,爸爸、妈妈会很孤单,所以希望爸妈再生一个孩子来陪伴他们。

这段恕我看不出任何感动,首先,生育权应该是掌握在每个女性自己手里的,生不生都是你自己的决定,你可以参考别人的意见,而不是直接听从别人的意见。

孩子不是陪伴和养老的工具,女孩可能没有想过,爸妈也有自己的生活,而不是围着你转完之后再继续围着二胎转。换句话说,如果爸妈没有生二胎,你是不是大学毕业后就要赶紧结婚生子,把自己的孩子给妈妈带,好让她不寂寞?

这段视频里唯一让我感动的是,最后妈妈对女儿说的那段话。妈妈说自己是成年人,可以照顾好自己,让女儿不用为自己担心。不过,女儿的回应是:我会努力做自己,照顾好自己的情绪。也许,她还是不太明白什么叫做自己,而是把"做自己"理解为更进一步的"懂事"。

这段视频里冲突、矛盾的地方太多,感动背后压抑的愤怒和委屈没人看到。而评论区清一色的"感动"大概也显示出:生活中大部分人还是喜欢这样"懂事"的孩子,而不在乎这样懂事对孩子来说代价到底是什么。

如果一个家庭里孩子太懂事,那么家庭成员的地位就是错乱的。就像女孩所表达的,她时时刻刻都在照顾父母的情绪,为此,她感到很辛苦、很委屈。她甚至催着妈妈生二胎,因为她觉得自己上大学离开家后,父母会无所适从。也许这部分担心恰好契合了妈妈内心的焦虑,所以妈妈才会顺着女儿的意愿生了二胎,以此来保证女儿离家后,有后继者继续照顾他们的情绪。

弟弟出生的使命便是接下姐姐的接力棒,继续照顾和安抚"情绪不能自理"的父母,那么,他有可能做到"做自己"吗?姐姐第一段话里对弟弟的期待,我想,她一定是真心的。她希望弟弟不要走自己的老路,可以成为一个真正的孩子。不过,后面却显示出这么多年,家庭在她身上烙下的印记。她无法摆脱的讨好型人格、病态的感恩和近乎残忍的"懂事",都被她不自觉地传给了弟弟。这样矛盾的表达,恰好也反映了女孩矛盾的内心。

具有讨好型人格的孩子被称为"懂事"的孩子。懂事的孩子之所以懂事,不是因为聪明,而是因为缺乏安全感。因为他们对父母给予自己的爱并不确信,所以才一直不停地去做正确的事,以赢得父母对自己的认可。在这样的家庭里,父母传递给孩子的是:我爱你,是因为你是一个乖巧、懂事的孩子,而不是因为你是我的孩子,所以我才爱你。

要摆脱这样的状态是很困难的,即使女孩已经意识到这样的讨好、懂事让自己很辛苦,但她还是做不到"不讨好,做自己",并且她还希望弟弟也能够"懂事",理解爸爸,心疼妈妈,就像她一直以来所做的那样。因为在她内心深处,自己之所以被爱，就是因为自己"懂事"，这也成了她认为自己唯一有价值的地方，所以，她是不会因为妈妈的一句话就能够做自己的。

对成年人来说，想要摆脱讨好型人格，做自己，就得先发现自己除了懂事和讨好之外的价值，然后慢慢强化自己的这些价值感。讨好型人格是把自己的人生意义建立在别人对自己的评价之上，而不是建立在真实的自己之上。更进一步的是，你要发现自己的缺点和脆弱的地方，然后逐步地接纳自己、理解自己。

而对于为人父母的我们，只有先靠自己稳稳地站在这个世界上，才能够提供给孩子爱和尊重，才能和伴侣之间彼此支持、彼此关爱。如果家长没有能力精神独立，那自然会把自己生命的一部分重量，甚至全部的重量压在孩子身上。孩子也许会成为一个无比懂事的孩子，并取得不错的成就，但他也将永远失去做自己的能力。

是不是尊重孩子后，他就不发脾气了

我在文章里经常给大家举有关我和可可互动的例子，大家也会经常夸奖我，觉得有我这样的妈妈，可可一定很幸福，一定会是个性格温和的好孩子。曾几何时，我对他也抱有过这样的幻想：我都无条件地尊重你、满足你了，你应该会变得很平和了吧？应该不会再有哭闹、耍赖的时候了吧？

我想告诉大家的是，即使是像我这样一个常年从事心理工作，常年研究母婴关系、研究育儿的人，也不可能把孩子培养成一个从小就懂得控制情绪、任何时候都通情达理的人。养育可可的过程中，我也经常受挫，也会生气。

某个周六，我带可可去拍照，这次距离我俩上次拍照已经有两年了，这次拍照也是出于工作需要，想先备着。可可很不喜欢拍照，我也不知道为什么，所以，出于私心，我要拉他去拍照，就需要付给他"工钱"。这次协商的结果是：给他买擎天柱作为酬劳。

拍照的过程还算顺利,因为我一直在告诉他,拍完就去买擎天柱。买完以后,我原本计划去朋友新开的沉香店,结果可可也要跟着去,我就带他一起去了。

朋友的店在一个新开张的书城里,晚上也没什么人,可可在里面跑来跑去,一直玩到晚上九点多才同意回家(平时这个点他都已经睡了)。快到家时,可可说:"妈妈,等一会儿我能不能去门口的小超市买点零食?"我说:"可以呀。"他又说:"那如果我选零食选很久,你不可以凶我。"我说:"我不会凶你的。"他说:"那你上次为什么凶我?"我说:"我不记得了。今天肯定不会凶你,我保证。"我心想:他怎么这么记仇呢?上次凶他,至少是一个多月前的事情了。

车开到小区门口时,我发现那个小超市已经关门了,但旁边的便利店还开着。我说:"那咱们在便利店买吧?"可可说:"我们为什么不去马路对面的小超市买?"我说:"那边太远了,要绕好大一圈。现在已经很晚了,妈妈也好累,我们就在便利店买吧,好吗?"可可想了想,说:"好吧。"

去便利店挑完零食,结完账,进了小区,都快走到楼下了,可可突然站住,说:"妈妈,你为什么不带我去马路对面的超市买?你是个坏妈妈!"我整个人都惊呆了,刚才不是都说好了吗?已经晚上快十点了,我又累又困又冷,就想回家睡觉。可可固执地问我:"为什么不可以去对面买?"

争执半天，最终我还是选择听他的。我叹了口气，说："走吧，走吧，去对面。"他说："妈妈好凶！你是个坏妈妈！"我想，他大概是钻到我脑袋里去了，因为我的语气已经很克制了，但心里想的却是：你自己去买吧，我真的不想管你了。

在深夜的寒风中，我们绕了好大一圈，来到了马路对面的超市。快走到时，他还"教育"我："你看，我跟你说这边的超市开着门的吧！你还不信！"孩子啊，妈妈没有不信，妈妈是真的不想走路了。其实，我有好几次都想吼他，想要扔下他不管，但我都强忍了下来。

我想，我学习了育儿课程并不代表我就能够毫无负面情绪地去面对可可提出的要求和他对我的指责。他在我很累时还一定要拖着我和他玩奥特曼打怪兽，我也会愤怒；他在我对他的态度不那么温柔时，立刻指出我是个坏妈妈或者当他说不要我了的时候，我也默默地觉得他真是个白眼儿狼。

其实，我学习的最大收获是：我能够不把他的不满和愤怒看作是对我的恶意针对。这一点很重要。也许家长还没意识到，我们之所以容不下孩子的坏情绪，就是因为我们潜意识里觉得那都是孩子在指责我们做得不够好，在恶意攻击我们。

比如，你辛辛苦苦地做了色香味俱全的辅食，还专门摆盘，拍照加滤镜发朋友圈，结果孩子尝了一口就吐了出来，坚定地拒绝再吃第二口，你是不是感觉要被他气疯了？其实，孩子不是在针对你，他现在就是不想吃。孩子是很直接的，他不会因为你付出了诸多努力就违心地接受你的"好意",也不会因为你情绪不佳、身体不适,就压抑自己,不提出要求,而我们会下意识地把孩子的拒绝和愤怒,解释为他在攻击我们。

英国客体关系理论代表人物比昂曾提出"母亲"的一个重要功能,即承受并消化孩子的攻击、愤怒、沮丧、悲伤等负面情绪,然后以一种"无毒"的形式反馈给孩子。

例如:孩子在玩积木,怎么也搭不好,一气之下把积木全部推倒,然后大哭起来。这时,家长要理解孩子的愤怒。如果孩子愿意让你抱,你可以选择把孩子抱起来,安抚一下他,允许他表达自己因为挫败而产生的愤怒。

反例:哭就哭吧,要学会承受失败,一哭就哄,岂不是要把他惯坏?怎么能为这点小事就哭呢?这孩子逆商太低了,必须纠正!有什么好哭的呀,来来来,别哭了,先把这个积木摆好,我帮你一起摆。

其实,孩子在闹情绪时,是听不进去任何道理的。他需要的是自己的情绪被家长看见,被允许,被"去毒"。当爸妈理解他,同时他自己也觉得这件事没有他想象中那么糟糕时,他就会慢慢平静下来。一次次地重复这些场景,孩子慢慢就会内化爸爸、妈妈处理他情绪的方式,然后将其变成自己的能力。

我觉得家长应该明确一点:孩子之所以叫孩子,就是因为他们不成熟,他们无法做到时时刻刻都通情达理,无法控制自己的情绪和行为。

如果我们对孩子的期望是把他/她培养成一个"小大人"，那一定是我们的教育理念出了问题。心智成熟本就是成年人才具备的能力，不要把它强加给孩子。如果你想通过尊重孩子、接纳孩子，培养出一个波澜不惊的"小大人"，那是另一种控制和不接纳。

孩子在家是小霸王，
出门像只小绵羊

有朋友告诉我，她两岁多的儿子在家里特别霸道，简直就像山寨头子一般，爷爷、奶奶、爸爸、妈妈，没有一个他不敢欺负的，但是一出门就特别懦弱，抢玩具从来都抢不过，只会哭，找大人告状。

她说，她儿子就是典型的"窝里横""门背后的霸王"。我说："你形容得很准确，但是你应该在你们小区里多转转，多和别的妈妈聊聊，你会发现小孩都是这样的！"

我们习惯用成人的价值体系去评判孩子，比如你不懂分享就是不好的，你脾气倔就是不好的，你爱打人就是不好的，你见人不打招呼是很不礼貌的，你懦弱，你不懂得谦让。

但是你出门问问别的家长，就会发现，他们家的孩子也这样。再上网搜搜类似"孩子不听话"这种问题，你会发现，全世界的小孩都这样。其实并不是孩子毛病多，而是我们的评价标准出了问题。

"窝里横",非常好理解:在家,我知道这些人都爱我,不会伤害我,当然是我想干吗就干吗,而出了门,那个要抢我玩具的小朋友,看起来好像很凶的样子,万一我被他打了怎么办?会很疼的,算了,先哭吧,然后找妈妈、爸爸帮我抢回来,反正他肯定打不过我爸妈。

理解了孩子,我们再来理解一下父母为什么会觉得"窝里横"是个事儿。担心自己孩子"窝里横"的家长也分两派:一派倾向于"你在家横,你出门也得横",另一派倾向于"你在外面那么斯文,在家也得斯文"。

必须霸道派

这常见于男孩。但是现在独生子女这一代有了孩子,常常希望女儿也要霸气一些。爸妈的内心可能是这样想的:既然你在家能欺负我们,上天入地,那就说明你是有捍卫自己"领土"的能力的。而在外面和小朋友玩的时候,我希望你也能霸气起来。你连大人都不怕,一个小妹妹却能轻松从你手里抢走玩具,你是不是太软弱了?以后被人欺负怎么办?爸爸、妈妈能帮你抢玩具抢一辈子吗?看来你还是欺软怕硬,下次在家就应该对你再凶一点!

父母害怕的是,孩子会一直被欺负,但是他们忘了,孩子还处在身心飞速发展的阶段,未来的一切都是不可预测的。李小龙也不是打娘胎里一出来就会打架。而真正害怕被欺负的,是父母自己。一个从小人际关系良好、天天和同学打打闹闹的孩子，长大以后会觉得小朋友之间打闹很正常；而一个从小遭受校园霸凌的孩子，长大以后可能会觉得别人的一个不经意的眼神都是对自己的冒犯。

当你觉得这个世界是一个战场的时候，你才需要把你的孩子培养成一个战士。我曾看到过一个故事：一个小女孩总是被邻居男生欺负，从来不还手。她的妈妈很生气，觉得女儿软弱。她问女儿："你为什么不还手呢？"女儿说："那个哥哥的爸爸、妈妈天天打他，所以他也只会打别人。我觉得他很可怜，所以不想还手。"

当你觉得孩子很懦弱、不懂还手的时候，不妨先去问一问孩子的感受，他为什么不去抢、去打，是因为他并不在意，还是他想把这个还手的机会留给你，因为你才是那个害怕被打败的"孩子"。

必须斯文派

懂事儿、听话这些要求倒是对性别一视同仁，不论是男孩还是女孩，家长都希望他们能不吵不闹。爸妈的内心可能是这样想的：你在外面那么蔫儿，让你叫人你不叫；让你背诗你不背；给你吃的你都不要；别人和你抢玩具，你就默默走开，为什么你在家就不能老实一点儿呢？上蹿下跳的，就像猴子一样，稍微批评一下你就哭闹、大喊，还摔东西打人。你在外面知道怕，在家就不知道怕是

吗？看来还是平时对你太好了，下次再闹，就好好地收拾你一顿！

只喜欢乖宝宝的爸爸、妈妈，心里都住着一个被压抑的"坏孩子"。其实，我们每个人小时候都是"坏孩子"，因为孩子的天性就是闹，根本不知道成年人的那一套讲文明、懂礼貌。

在成长的过程中，我们是慢慢被"驯服"的，因为想要获得家长、老师的赞扬，因为想要融入集体、融入社会，所以我们慢慢变得"守规矩"。这是一个漫长的过程。如果有的家长太"禁欲系"，完全见不得孩子上蹿下跳，那他们就会想要快刀斩乱麻地把孩子修理好。

这其中最常见的手段就是"吓唬"。这种吓唬一般的说辞有：警察把你抓走、医生给你打针、隔壁小孩把你玩具抢走、楼下奶奶上来打你……你把外面的世界形容得如此险恶，孩子当然一出门就蔫儿了。

但越压制，越反弹，被禁止做的事情对孩子来说总是有着莫大的吸引力。外面那些大孩子打不过，那孩子的童年该如何安放呢？只能在家搞破坏发泄一下了。

过分要求自己孩子听话的父母，都是在压抑自己的破坏欲，以及对孩子可以随便搞破坏的"嫉妒"：我当年被你奶奶打得那么惨，凭什么你现在可以在家里逍遥快活？殊不知，孩子也正是在潜意识里领悟到了你想折腾又不能折腾的那份小心思，于是替代性地帮你活出了你想要的童年，所以才会变本加厉地折腾。

虽然大家都在抵制"熊孩子"，但是我想说，没有孩子是不

"熊"的。"熊"不可怕,只要你懂得孩子心理发展的规律,你就会读懂孩子的行为,并找到合适的方式加以引导。一味地打骂是没用的,以暴制暴从来都没有好结果,只是大人懒得学习而又不会管理情绪的借口而已。育儿就是育己,让我们陪着孩子一起慢慢长大。

六岁前的孩子不需要那么多规则

我看到一首诗,很喜欢,分享给大家:

一个小小孩

———海桑

一个小小孩

如果他干干净净

衣帽整齐

如果他规规矩矩

这可并非一件多好的事

如果他一开口

便是叔叔阿姨好

再见再见你好

如果他四岁就能让梨
这又有什么意义

一个小小孩
应该是满地乱滚
满街疯跑,脸和小手都脏兮兮的
还应该有点坏,有点不听话
他应该长时间玩着毫无目的的游戏
他是一只自私、可爱
又残酷的小动物
他来到世上,是为了教育我们
让我们得以再一次生长
而不是朽坏下去

小孩子就该有小孩子的样子,而小孩子的样子就是诗里描写的那样,长时间玩着无目的的游戏,自私、可爱又残酷。

一天,在幼儿园参加完活动后,我和可姥姥应可可的要求,带他去商场买玩具。从地铁出来后,他沿着地铁里靠墙的地砖一小步一小步地走着,像过独木桥一样。刚好我也有点累,就站在他左边一起慢慢走。那一瞬间,我突然想起自己小时候也很喜欢这样走。

姥姥走在前面,催促了两句,见我俩都没反应,就站在前面等我们。等到我和可可终于"龟速"挪到姥姥面前时,可可高兴地抬起头对姥姥说:"姥姥,你刚看到我和妈妈在很专注地走路了吗?"姥姥忙说:"看到了,看到了,真棒!"

可可说这话时,我有点不好意思,因为我并不认为那个过程对他来说是一个很专注、很用心的过程,而我也只是单纯地因为自己走不快,才显得格外有耐心。如果不是因为我累了,我想,我也会拉着他催他快点走。每次回忆起这些和孩子相处的细节,我都觉得孩子真不容易,每天都要无数次原谅爸妈。

为什么说不要给六岁前的孩子立规矩呢?这是让大家遵循儿童心理发展的规律,孩子的心智发展是有自己的节奏的,不仅智力如此,心理也是如此。

我们都知道,给幼儿园的小朋友讲微积分是远远"超纲"的,但没几个人意识到,一味地讲规则,让孩子听话,同样也是"超纲"的事情。就算他真的听话了,一见面就叫叔叔、阿姨,规规矩矩,那也只是刻板地习得了这个行为,并没有从心智层面上理解自己为什么要这样做。

养孩子不能和养宠物一样,一味地正强化、负强化地来操作孩子的行为习惯,而是要真正了解孩子心智形成的原理。蒙氏教育概念里,对精神形成的描述是这样的:感觉是精神的入口,一切的认识先由感觉获得,对外界的精神认识的基础就是感觉认识。利用感觉,收集各种事实,并加以区别计较,就是形成精神的第一步。

孩子认识世界的第一步就是去感受。如果你不让他去感受,而直接告诉他应该怎么做,就等于减掉了他学习的过程。如果我们只是教孩子要讲礼貌,见了叔叔、阿姨要叫人,而不是让他去体会与熟悉的人见面打招呼后所带来的愉悦感和亲切感,那孩子就只会把打招呼当作一项任务,而不是发自内心地想要做这件事。

有很多人到现在都觉得打招呼是一项很讨厌的"任务",走在大街上,远远地看到熟人,恨不得赶紧绕到马路对面去。社交恐惧、社交焦虑是那些很少体会到人际交往所带来的愉悦感的人身上存在的问题。也许他们一辈子都表现得很有礼貌,但他们体会不到礼貌带来的快乐。

家长总是急着让孩子达到自己想要的状态,于是就会简单粗暴地塞给孩子很多道理、规矩。这些道理和规矩本身是没有错的,只是它们并不适合心智水平在六岁以内的孩子。强行灌输这些规则给孩子,孩子短时间内会表现得很服从,但这种剥夺体验过程、只注重结果的懒人教育方式,会埋下很多隐患。最常见的就是:随着年龄的增长,孩子知道的道理越来越多,却没有与之相匹配的经验和感受来支撑,于是就会处于一种看起来什么都懂而实际上内心一片空虚的状态。

北京大学心理学老师徐凯文曾发表过一篇关于现代大学生"空心病"的文章,引起了很多人的共鸣。所谓的"空心",指的是他们会去做正确的事,但是没有感受。因为他们对所有的事

情处于一种几乎"无感"的状态，就更不用提主动、自发地去做点什么了。这样的状态和抑郁又有些区别。他们不敢让自己的社会功能瘫痪，不敢拒绝做那些所谓正确的事，因为那样的话，他们就不会被父母、亲戚、社会所接纳，于是，他们就成了学业有成、生活光鲜、听话孝顺、朋友众多却生无可恋的人。

感受的过程很重要，它是我们心理构造的基石。我们的一切心智活动都要依靠感受来建立，而很多人已经活得十分麻木了，他们自然无法理解孩子那种笨拙的、用感官来探索世界的过程。就像开头的那首诗里所说的，孩子的出现是为了教育我们，让我们和他们一起成长，而不是继续朽坏下去。我们要先找回自己真切活着的感觉，才能和孩子同频，才能理解他们那些看似无意义、拖拉、不听话的行为背后真正的原因。

性格内向的家长，
如何培养性格外向的孩子

我组织了一个家有三岁以内的孩子的家长沙龙，大家一起聊育儿问题。家长最感兴趣的是：我该如何改善孩子的性格？有个看上去很文静的妈妈说，自己的孩子在外面被别的小朋友抢了玩具、被打，都不会还手，只会哭着跑来找妈妈，说自己被欺负了，要妈妈帮他。我问她："那你平时被别人侵犯权益时，会当场就讨回来吗？"她笑了笑，说："不会啊。"我说："那不就得了。"

孩子会主动模仿家长是怎么做的，而不是听我们怎么教他。我们希望孩子变得外向或者文静，其实是我们希望孩子完成我们自己做不到的那一部分。

前阵子和朋友聊天，大家不可避免地聊到了有关孩子的话题。朋友是个很强势的人，就是那种你一眼就能看出不好惹的人。她儿子比可可大将近一岁，两个孩子也在一起玩过。在玩的时候，基本上都是可可在主导整个过程。小哥哥很配合，也玩得很开心。她看到后,觉得自己儿子不行,怎么不能主动带着别的小朋友玩,非要人家指导他怎么玩呢?而且对方还比自己小,她觉得这样有点没面子。

她还说,孩子虽然个子高,但在幼儿园里经常被欺负,几乎没有还过手。有时候被打了,老师会告知家长。她去接儿子时,儿子还会说,没事,不疼。每当这个时候,她就特别气愤,恨不得替儿子把对方打一顿,或者把自己儿子打一顿。她很生气地教育儿子:"别人打你,你也要打回去啊!"儿子只会点点头。问他记住没,也说记住了,但下次遇到这种事情,他依旧不会还手。

我问她:"那你老公是什么性格啊?"她说自己老公就是这种性格,儿子和他爸一模一样。她是做生意的,在生意场上游刃有余,而老公是大学老师,有时有晋升、培训的名额,他也很少主动去争取。她说,她很怕儿子长大以后会变成他爸爸那样。她觉得这样的人不够男人。

这就是一个很有意思的事情了。她看起来好像很嫌弃她的丈夫,但这个男人又不是她父母硬塞给她的,而是她自己选的。她现在也没有离婚的打算,但她对老公的愤怒和瞧不起也是真实存在的。

后来,我们又谈到了她和老公的关系,谈到她当初为什么会喜欢上这个男人。她想了半天,说:"其实我很羡慕他那种闲云野鹤、云淡风轻的样子。他性格沉稳,对金钱也没什么欲望。我很想不通,他怎么可以活得那么潇洒。我感觉我不挣钱、不够优秀的话，心里就会发慌，而他不是。他好像对这些利益问题不是很在意，别人对他的评价，他也不是很在意。"

我又问她："那你为什么对赚不赚钱、优不优秀如此在意呢？我不是说赚钱不重要，而是你看看我们周围的很多人，其实他们也没有赚很多钱，但也都活得好好的，而且对赚钱也没有那么大的欲望。"

她想了一会儿，说："可能这就是你们这些研究心理的经常所说的原生家庭对一个人的影响吧。"

朋友的爸爸是一个闲云野鹤式的人，但她妈妈完全是另一个极端，从小她妈妈就让她学书法、古筝、奥数、英语等。她很聪明，学什么都快。有时候我们去她家玩，她妈妈都会让她给我们表演她新学的曲子。偶尔成绩不好，名次下滑，她就会被很严厉地训斥。她妈妈经常给她讲一个人如果落后了，会有多可怕的后果。她的名次只是从前三名下滑到第七名，但在她妈妈看来，就像是考了倒数第一一样恐怖。

她的学生时代，被打、被骂是家常便饭，而被打也只有一个原因——不够优秀。她爸爸从来不逼她学习，妈妈偶尔出差，爸爸还会让她偷点懒。但每次妈妈打她、骂她的时候，她爸爸都会回避。虽说现在她能理解爸爸的这种行为，但小时候的她对爸爸是充满愤怒的。

一直以来，她都无法接受自己不够好、不够优秀。虽说这样的心态让她取得了很多成就，但她内心的压力也非常大。她甚至无法享受自己的成功，偶尔放一天假她都会觉得很内疚。她妈妈对她的教育，让她在内心深深地认同了"不优秀，不在竞争中胜出，就不配活着"这个观点。当她遇到现在的丈夫时，她仿佛看到了一个活生生的例子在向她证明：不争第一，也能活，还能活得很自在。这样的丈夫能够降低她的焦虑，但另一方面，也会让她想起自己的爸爸。她丈夫在对儿子的教育里，也是不怎么说话，儿子怎样都好。这样的行为，会让她想起自己当年被打时爸爸的缺席。她对丈夫的愤怒，其实多半是源自自己的爸爸。

有了孩子之后，每个家长都会被激发起一些童年未完成、未被满足的情绪。有的家长是一致性的，有的家长是补偿性的。一致性是：我小时候很辛苦，但我觉得辛苦很值得，所以我对我的孩子要求也很高。补偿性是：我小时候很辛苦，我觉得不值得，所以我不会让我的孩子也那么辛苦，只要他开心就好。

这位妈妈明显就是第一种。她完全认同了自己妈妈的教育，也认同了妈妈对她的评价，所以，与其说她接受不了儿子不像个男孩，不如说她是对自己不够好的地方无法容忍，就像当年她妈妈不允许她落后一样。

有的家长自己很内向，并且打心底觉得内向不好，于是希望孩子一定不能太内向。这也是一样的道理。如果你用这种不接纳的心态去教育孩子，一定是无效的。内向、外向并没有好坏之分，只是不同的性格而已。如果你觉得内向不好，也许你应该多花一些时间去了解内向的优点，而不是直接将其否定。

爸爸妈妈，
你们吵架别拉上我

高中时，学校广播站经常放一首英文歌 Because of You（《因为你》）。那时我并没注意歌词的含义，直到后来才发现，这是一首关于反思父母争吵给自己带来心理影响的歌曲。

创作背景如下：Because of You 的歌词由凯莉·克莱森完成，大卫·霍奇斯和本·穆迪完成音乐制作。凯莉·克莱森六岁时，目睹父母结束了十七年的婚姻，而凯莉的父母早在离婚之前，就经常因感情不和而发生激烈的争吵，这使得凯莉·克莱森的童年生活一团糟。凯莉·克莱森的一个朋友，跟她有同样的遭遇。在凯莉·克莱森十六岁时的某一天，她和这位朋友促膝长谈了一整晚。回到家后，她写下了这首歌的草稿。

我们这一代人的童年，大多是在父母的争吵中度过的。也许你会说，夫妻俩吵吵闹闹很正常啊，孩子自己心理脆弱，难道就要怪爸妈吵架吗？其实，这不是怪他们吵架，而是怪他们对待吵

架的态度。

不知道大家有没有看过一部电影《怦然心动》,电影中女主角的家庭称得上是模范家庭了,但即使是这样的家庭,也没能躲过争吵。一天晚上,女主角的爸妈在餐桌上因为经济拮据大吵起来,爸爸甚至很愤怒地使劲拍打桌子,指责妈妈不理解他。小姑娘吓得一直在说:"停下来,求你们快停下来!"然后,她哭着离开了餐桌,回到房间一个人默默地哭。

但是当晚,她的爸爸、妈妈分别来到她的房间和她交谈。爸爸说,自己有多爱妈妈、多爱她,以及自己知道妈妈为这个家付出了很多;妈妈也说自己有多爱爸爸,也理解爸爸为了做正确的事情,需要做出一些必要的牺牲。于是,一场争吵经过这样的处理,反而使得家庭成员之间的感情加深了。

然而现实生活中,我们的情况大概是这样的:

1.父母大吵之后开始冷战,把孩子当传话筒:"你去告诉你爸把衣服洗了。""你去告诉你妈该吃饭了。"

2.父母中的一方或者双方把孩子当作出气筒:"你就跟你爸/妈一模一样,真的是要一起气死我。我打你个不争气的!"

3.父母中的一方或者双方把孩子当成自己的心理医生,对孩子倾诉对方有多坏,末了还要加上一句:"你长大了可千万别学你爸/妈那样。"

4.父母把孩子当作筹码,你惹我生气,那我就让你的孩子不理你,或者攻击你。

我们习惯把孩子卷进自己和另一半的战争中,孩子成了父母的调解员、心理医生或者"人质"。

父母这样做的深层原因有以下几种:

1.无法处理自己与成年人之间的感情,必须把它弄成三角关系,拉一个旁观者或者裁判进来观战,这样好像自己才有底气。

2.无法为自己的感受负责,而要把这种不舒服的情感投射到孩子身上,或者拉孩子一起感受。其实,这是让孩子帮忙分担自己的情绪。

3.没把孩子当作独立的个体来尊重,而是当作自己的私人物品,所以才会无所顾忌地发泄自己的情绪。

4.无法把情绪直接向对方表达,或者指向对方,而孩子是相对脆弱和更容易全盘接纳自己情绪的对象,所以挑软柿子捏。

孩子身体里一半是爸爸,一半是妈妈,当父母产生矛盾时,对孩子来说,就相当于自己在和自己打架,所以孩子会不惜一切去平息这场战争,尽管他们根本没有这样的能力。

这时,家长需要做的,就是告诉孩子:"我们虽然发生了争吵,但这是我们两个人之间的事,这不怪你,也不需要你来替我们负责,我们自己会处理好自己的事情。不论发生什么,我们永远是你的爸爸和妈妈,会永远爱你,你也可以永远爱我们。"

可可一岁半时,我因为工作压力大心情不好,回到家总是提不起精神,经常和可爸发生争吵,觉得他不负责任,把担子全扔给我。那段时间可可特别闹腾,总是想吸引我的注意。有天晚上，我给他换好睡袋，准备躺下睡觉了，我说："可可，我们聊聊天好不好？"他点点头。那时，他还不大会说话。我说："最近妈妈心情不太好，所以有时会不高兴、会发脾气，但这是妈妈自己的事情，妈妈会处理好的，你不用担心，好吗？"他没理我。我又重复了几次。他看着我笑了笑，点点头。第二天，他的情绪明显就稳定了许多。不要觉得孩子小，听不懂，你就不说。语言传递的不仅仅是信息，还有信息中隐含的情感，孩子对这些比谁都敏感。

一天晚上，我和可爸忙完后去姥姥家接可可，可爸靠在门上看手机，我没注意，猛地把门打开了，可爸直接坐到了地上。我因为着急带可可回家，就没管他，结果可可立刻说："爸爸，妈妈不是故意的。妈妈，你快点给爸爸说对不起啊！"我说："我不想说对不起，是他自己不小心。"可可不依不饶地说："你快点说对不起，你快点说啊！"我这才跟可爸道歉。

回家的路上，可可感觉气氛不太对，于是他悄悄对我说："妈妈，我们不要爸爸了吧！爸爸是大灰狼！"我赶紧对他说："可可，妈妈和爸爸生气，和你没有关系，也不怪你，你可以继续喜欢爸爸哦。"可可很高兴地说："好吧！那我们等爸爸一起走吧！"等进了小区，他就追在爸爸屁股后面喊："爸爸，我好想你呀！"

对孩子来说，如果你不拦着他，他一定会奋不顾身地搅和进父母的婚姻里，用自己的方式替你们表达痛苦、失望或愤怒。

他会通过过度乖巧来讨你欢心，会通过生病来吸引你的注意，会通过淘气、逃学来让你们把矛头一致对准他，而不是彼此互相攻击。

父母也是人，我们也是婚姻里的新手，磕磕碰碰再正常不过，但吵架时务必要搞清楚，自己的婚姻自己负责，别把孩子拉进来当挡箭牌。

孩子不愿意分享，
是再正常不过的事情

我们家对门有个小男孩叫凡凡，五岁，上幼儿园大班。可可特别喜欢和他一起玩，我们也特别欢迎他来我家玩，毕竟只有他的体力是和可可相匹配的——两人可以在家疯跑一下午，也省得我们一家老小被可可折腾。

凡凡是和姥姥、姥爷同住的，他爸妈工作忙，一周会来看他一次。凡凡的姥姥是一名护士，为人特别和善，有时候甚至都有点过于客气了。有时凡凡姥姥加班，就会委托我妈去幼儿园接一下凡凡。幼儿园就在小区里，很方便。不过，凡凡姥姥还是因为这样的举手之劳就隔三岔五给我们家送各种好吃的。我妈想回礼，都被我给拦住了，我想，这要再回礼就更没完没了了。

凡凡比可可大，所以他有很多新奇的玩具可可都没见过，可可自然很想要，于是我们鼓励可可拿自己的玩具和哥哥交换，这样两个人换着玩，都开心。不过，有时候凡凡姥姥看到后，就会要求凡凡把玩具还给可可,并且不允许凡凡接可可给他的玩具。原因大家都能猜到:你是哥哥,你要让着弟弟,你不能拿弟弟的东西。凡凡肯定是不高兴的,但他习惯了姥姥的理念,所以一般也只是垂头丧气一下,不会大哭大闹。

每次遇到这种情况,我和我妈都会有点尴尬。我妈会对凡凡姥姥说:"没事的,他俩一直是交换着玩。"我会偷偷地把可可拉到一旁,让他偷偷给凡凡哥哥一个玩具,而且让他注意不能让凡凡姥姥发现。

可可接到"秘密任务"后非常兴奋,就偷偷摸摸地把哥哥拉到自己的小房间里,给哥哥一个自己的玩具,还嘱咐哥哥别被姥姥看见了。这时,凡凡就高兴起来了。凡凡姥姥发现后,还是觉得不好意思,会说孩子几句,不过,一般都被我和我妈打岔岔过去了。

凡凡姥姥是个很负责的抚养人,凡凡也是一个很懂事的孩子,但是单就分享玩具这件事,我觉得孩子不需要这么"懂道理"。

儿童心理学家让·皮亚杰将儿童的道德发展划分为四个阶段:

第一阶段为"自我中心阶段"或前道德阶段(两至五岁)。该阶段儿童缺乏按规则来规范行为的自觉性。在亲子关系、同伴关系、价值判断等方面,均表现出以自我为中心的倾向。

第二阶段为"权威阶段"或他律道德阶段(六至七八岁)。

该阶段儿童表现出对外在权威绝对尊重和顺从，把权威确定的规则看作是绝对的、不可更改的，在评价自己和他人的行为时，完全以权威的态度为依据。

第三阶段为"可逆性阶段"或初步自律道德阶段（八至十岁）。该阶段儿童的思维具有了守恒性和可逆性，他们已经不把规则看成是一成不变的东西，逐渐从他律转入自律。

第四阶段为"公正阶段"或自律道德阶段（十至十二岁）。该阶段的儿童继可逆性之后，公正观念或正义感得到发展，儿童的道德观念倾向于主持公正、平等。

所以，孩子在进入小学前，特别是在小学的低年级阶段，是处在"前道德水平"阶段，都还没有发展出"友谊"这个概念。并不是他们不懂道理，或者是大人没有教好，而是人类心理发展的规律本就如此。这一时期，他们和同伴的关系就是靠"交换"来维系的。你有一个好东西，我有一个好东西，我们交换一下就是"朋友"了。如果哪天你不和我交换了，那你就不再是我的朋友了。而很多家长总是希望孩子表现出超龄的成熟，比如，要求两三岁的孩子懂得分享，要求三四岁的孩子学会礼让。

我们可以发现，大部分人对孩子的宽容从孩子会走路、会说话后就逐渐消失了。曾有一位妈妈问我，不到一岁的宝宝总是抢玩具，是不是性格不好。而我们所推崇的懂事、成熟、听话，其实只是孩子屈服于你的权威，害怕失去你的爱与肯定而表现出的一种顺从。比如，很多家长在教育孩子时，都会用自己对孩子的爱或陪伴作为威胁：你这样妈妈就不喜欢你了；你再这么做，爸爸就不理你了；你要是这样，爸妈就走了，不陪你了，等等。

这招很管用，因为孩子都怕爸妈不爱自己了。而我们用这种揠苗助长的方式得到的结果只是一种假象，因为这个年龄段的孩子，根本无法理解什么叫分享、为什么要分享。他们的认知被外力所扭曲，他们真正接收到的信息是：我不这样做，就会失去爸妈的爱，而不是分享本身给他带来的快乐。

当分享和恐惧挂钩时，孩子就会活得战战兢兢，因为规则不是他自己领悟到的，而是父母强行给出的。这也是为什么现在很多成年人的规则是僵化的，因为他们的某些规则感建立得过早，在自己尚未拥有较为健全的心智时，就被灌输强烈的、非黑即白的规则概念。对孩子来说，犯错就等于被抛弃、被孤立，而带着这样的感受成长起来的人，成年后只会有僵化的规则感和道德感，也更容易为了规则、道德和别人在语言上拼得你死我活。

在幼儿园给可可报名时，入园须知里写到，孩子每天要带一件自己的玩具和一样小点心，来和别的孩子交换。这样的做法是符合孩子身心发展规律的。交换是需要筹码的，这在成年人的世界里也一样，等价交换，公平交易。既然我们都不喜欢自私的"伸手党"和奉献致死的"圣母"，那么，我们就不要再用这样的标准去要求孩子了。

小时候太乖的孩子，在青春期可能更容易叛逆

前阵子，《我的孩子是学渣》一文刷爆了朋友圈，也缓解了许多家长的焦虑。由此，大家都开始觉得，孩子学习不好就不好吧，只要心地善良、健康快乐就行。而写这篇文章的妈妈可能没有意识到，她的这一观念的转变，不仅救了孩子，也救了自己。这一点儿也不夸张。

试想一下，如果妈妈一直让孩子努力学习，而孩子在学习中不断受挫，等孩子进入青春期会怎样？为什么现在很多孩子看起来对"鸡血教育"很受用，家长给孩子诸多期待和压力，孩子依然没出现问题呢？那是因为还没到时候。

人的心理发育和身体发育都是有节律变化的。小学六年在发展心理学上叫"潜伏期"，这个阶段的孩子很乖巧，容易受摆布，大人让他干什么他就干什么，即使反抗也没什么杀伤力，顶多是把爸妈气到不行，不会造成实质性破坏。而处在青春期的孩

子就是一个不定时爆炸的"原子弹"。

好多家长发现,孩子进入青春期后就"突变"了,明明自己对孩子的态度没什么变化,为什么之前还好好的,进入青春期一下子就炸了呢?就变得叛逆了呢?于是他们得出结论:孩子有问题,其实不是这样的。也不是家长的教育方式没问题,而是问题积攒到这个阶段集中爆发了。进入青春期后,孩子有了反抗的实力和反抗的意识,这种反抗已经不是以前的顶嘴、争吵,而是离家出走、辍学、自杀、伤人等,这就让家长不得不重视了。

我从初中二年级到高中二年级,经历了很长一段时间的焦虑抑郁期。现在回过头来看,那时,如果爸妈带我去看心理医生,至少是中度抑郁了。作为一个在青春期备受抑郁、焦虑折磨的人,很想和大家分享一下,你以为的"没问题的教育"和"打鸡血",是怎样一步步把孩子逼疯的。

小学时,我的成绩一直不错,毕竟小学学习的内容很简单。但我总是粗心,经常会写错别字,到现在我都很厌恶改错别字,因为那时改得太多了。

我妈经常会检查我的作业。她是单位里给大型电机做质检的工程师,这是一个专门核查错误的工作。可想而知,我妈如此严谨的一个人,教我这种粗心大意的孩子有多头疼。那时,考试成绩只要在九十五分以下,我就一定会被批评好几个小时。体罚当然也少不了,虽然没有什么皮外伤,但也还是很痛的。然而,比痛更可怕的,是那种挥之不去的紧张感,因为你不知道什么时候会挨第一下打；站在那里被训斥，也不知道该怎么办，什么时候可以哭，什么时候不可以哭。我一直觉得，让孩子怕你，是最可怕、最残忍的"教育"手段。

有读者好奇，我对可可怎么那么能忍。不是我能忍，而是我不想让他体会我童年时的那种恐惧，因为我深知那种恐惧对当时的我伤害有多大。下次，当你忍不住要骂孩子时，请试着注意一下他的肢体、眼神，感受一下他的恐惧，也许这样你就更能控制自己的情绪了。

记得我上六年级时，有一次数学考了七十九分，那次，我很认真地考虑了自杀。因为我觉得自己现在就能把数学考得这么烂，以后还有初中、高中、大学，我肯定会痛苦死、会被骂死，那我还不如现在就死掉，这样就不用再痛苦了。后来因为尿，没敢尝试。

上初中后，我就开始"时运不济"，经历了换老师、和好朋友的关系发生变化、与父母关系紧张等。我清楚地记得，初一寒假，白天我一个人在家，心跳突然变得很快，整个人都很难受，必须一直在家里走来走去才能稍微缓解，一旦停下来就难受得要疯掉。那种状态大概持续了五分钟。现在看来，那其实是轻微的焦虑发作了，但我并没有把这件事告诉爸妈。

初二时，这种状况变得越来越严重，上课时也会突然心跳加速，喘不上气，像突发心脏病一样恐怖，有种濒死感。这已经是典型的焦虑发作了，但那时我不知道有这种病，也不知道应该看心理医生，而是去看了心内科。结果查心电图、心肌酶谱，都没什么问题，于是就被当作非典型的心肌炎而让我接受长期的输液治疗，就连输液都是尽量在左手扎针，因为右手要用来写作业。

后来，我还去看了中医，喝了很久的中药。记得有一次，医生看着我和我妈，说："别给孩子那么大的压力了，学习能跟上就行，不用非要考前几名。"听到这话，我并没有感觉到放松，而是觉得羞耻，因为那时我频繁地请假，已经近乎休学。我的成绩连中等都算不上了，不掉队就已经谢天谢地了。

现在回想起来，我那时能活着就已经很不容易了，但当时不论是我，还是我父母，都把注意力放在了我的成绩上，而不是我的心理健康上。那时，我没想过死，因为不敢，或者说，我觉得自己学习烂成那样，没脸去死。

中考时，我从省重点降到市重点，班级里都是周边农村里的尖子生，他们人很好，但我和他们没有一点儿共同语言。那时，我的抑郁状态也一直在加重，回家不说话，吃完饭会一个人戴着耳机在马路边来来回回地走很久。其实，我妈已经意识到我的状态不大对劲了。她找来一个亲戚家的姐姐和我聊天，想让她从侧面开导我一下。实际上我现在也常会接到周围的叔叔、阿姨因为自家孩子不说话、不交流，想让我去和他们家孩子聊聊的请求，但我基本都拒绝了，因为这种善意的谎言，一不小心就会摧毁孩子和父母之间最后的一点信任。

现在回想起那段日子，我唯一有反抗意识的，就是六年级想自杀的那次。后来,我更多的是一种麻木状态,其中一方面是因为我的病情已经严重到根本无法正常学习;另一方面又要硬逼着自己去学习,还要承受来自父母的期望和失望。

好在我上了初中以后我妈再也没打过我了,因为我情绪不好,有时她也很害怕。但我明白,她和我爸有多在乎我的成绩,有多焦虑。即使他们不表达,我也能从他们的欲言又止以及他们的神情里感受到那股足以压死我的压力。

我和朋友聊天,聊到这个话题时,她说自己抗压能力太差,遇到一点儿小事就会崩溃。其实,这样才是健康的表现啊!就像小孩子一样,当他受到挫折时,也会很崩溃,但是哭过之后就好了。而从小承受巨大压力的孩子,看似抗压能力很强,却很有可能会在倒下的前一秒都意识不到自己已经达到所能承受的临界点了。

你以为你的高压、你的"鸡血"培养了孩子的社会适应能力,不,你这是夺走了他的自我保护能力。

刚过二十七岁生日的我,早已经把自己的原生家庭分析了个底儿朝天。不仅我的原生家庭,连我爸妈的原生家庭,以及他们的爷爷奶奶、姥姥姥爷我都研究了一遍。我也明白我的父母背负着属于他们自己的压力以及他们在教育孩子方面的局限,他们已经为我提供了他们认为最好的了。

就像我看到的一句话,一个抑郁症女孩说:"我不怪我爸妈,就像我喂流浪猫,我并不知道劣质的火腿肠会让它生病,我只是不想让它饿着。"

不过,理解是为了让我们放过自己,不再和父母纠缠,而不是让我们把这种精神虐待继续传承下去的借口。伤害就是伤害,即使对方本意并非如此,但那已经造成了伤害。如果你已经认识到了,那就请你认认真真地面对身上的伤口,对自己说一声"辛苦了",然后不要再把这种伤害带给自己的孩子。

请记住，
打孩子也是家暴

前阵子，某个男艺人家暴女友的事情闹得沸沸扬扬，想必大家也都知道了。男艺人刚发了道歉微博没多久，他的朋友就开始"解释"，说女生人品很差、欺骗感情、假怀孕等，于是微博下就开始出现"这女的就是该打"一类的言论。

但，这是两码事。如果女生真的如男艺人朋友所说的那般，那她人品确实也挺差，但这并不意味着男方就可以打人。家暴里的施暴者都觉得自己有百分之百的理由动手，甚至还觉得这是为对方好。

这种逻辑往往是从小培养出来的。因为父母对孩子动手时，也总觉得自己是站在绝对正确的一方，这和某些机构以戒除网瘾为目的电击孩子时的心态是一样的。更有父母会一边打孩子，一边自己哭，意思是"我虽然打了你，但是我比你还痛苦"。

以"教育"为目的的暴力就不是暴力了吗？流着泪打孩子就

是爱吗？这种"鬼才"逻辑，我们身边比比皆是。

现在已经很少见到有家长理直气壮地说打孩子是对的。我听到最多的是："我也知道打孩子不好，冲孩子吼不好，我就是控制不住自己。"或者是："孩子把我逼得不得不动手。"

首先，我们要让自己意识到：不存在孩子逼着你打他这样的情况。孩子即使是跪在地上求你打他，你也不能打，更不要说是被"激怒"而去打他，那只是你当时没有考虑到，除了打，还有其他解决问题和发泄情绪的办法。

其次，我们在讨论"男人是否该打女人，家长是否该打孩子"时，之所以会这么混乱，是因为我们把情绪和行为混在一起讨论。心理学上将这种情况称为"见诸行动"，意思是"我很生气，我气得恨不得把这个人打一顿，于是我就真的打了"。你能说我的情绪是错的吗？不能。因为那种愤怒是现实存在的，而且有理有据，但这并不意味着后面的施暴行为是正确的。"见诸行动"其实是一种很低幼的心理状态，常见于三岁以内的孩子。

家长在养育孩子的过程中，应该都有体会，三岁以内的孩子，很少能在生气时做到冷静，而是会直接动手。不论是打人还是摔东西，甚至是躺在地上撒泼，总之是想干吗就干吗，从来不考虑这样做可不可以、合不合适。

这个阶段的孩子之所以会这样做，是因为孩子大脑的认知能力、控制能力以及对情绪的理解力还没发育好，所以他们无法控制自己的行为。等到再长大一点，他们就会学着用语言来表达自己的情绪，而不是直接撒泼。而这一过程需要孩子的大脑逐渐发育成熟，并积累足够的社会经验。

成年人的大脑是具备情绪控制能力的，那为什么也会出现"无法自控"的情况呢？是因为在那个他不能控制自己的时刻，他的心智状态瞬间退回到了两三岁。心理学上把这种状态称为"退行"。之所以会频繁地出现退行，情绪"易燃易爆"，是因为自他们小时候起，他们的愤怒和痛苦就从来没有被理解过。

孩子之所以能从直接动手逐渐发展到可以讲道理，除了认知能力在逐步提升，还有家长给了他们足够的安全感和理解。在孩子还不会用语言表达自己，不知道要如何平息自己的愤怒时，是需要家长去帮他安抚情绪的，要理解他，允许他表达，不要批判，不要指责，等待他的情绪自然平复。这样做的次数多了，孩子就能逐渐内化这种能力。

我们可以回忆一下自己小时候生气发火时，爸妈是如何处理的。你有被理解的经历吗？你有被包容的经历吗？他们是粗暴地打断你、指责你，甚至是揍你一顿让你停下来，还是明白你正在经历怎样的情绪，陪着你一起到情绪自然消退？

你很难要求一个从来没有被包容过、被理解过的人去包容和理解别人。即使你看了再多的书、再多的文章，没有这种体验依然是很难做到的。

再说回家暴这件事。为什么大家说"家暴会出现第一次，就会有无数次"？因为暴力行为一旦产生效果，很少有人能抵御这种权力控制带来的快感。即使后悔过，下一次还是会优先使用这种行为来"解决问题"，因为这种方式成本最低，效果也最快，比如，孩子被吓到哭着求饶，说自己错了，下次再也不敢了。

我们不要高估自己的道德水平，如果我们的社会依然默许打孩子是正确的，那么打孩子的比例就会提升很多，因为心理健康的成年人太少了。只要外界稍微怂恿，法律稍微不严谨，我们就会将人性中的恶发挥到极致，尤其是在面对没有任何抵抗能力的孩子时。

打孩子给孩子带来的心理创伤绝对大于成年人互殴，因为成年人之间无论是智力还是体力上的差异，都不会大于成年人和孩子之间的差异。孩子倾向于大人说什么他就信什么。你说得多了，他就会坚定地认为自己就是欠打，而这种信念会伴随他一辈子。不信你去问问小时候被打的人，现在有几个会说父母当年打自己是不对的。他们这部分的心智会永远以孩子的状态保存下来。当他们自己成为家长时，就会自动从受虐者的身份切换到施虐者身份。我发过一篇关于不要和孩子谈孝顺的文章，这里我还想再说一句：愚孝的人对孩子都不会很好，他们会沿用父母虐待自己的那一套，去继续虐待自己的孩子。

有报道说家暴会遗传，我想，这种遗传更多的是指心理层面，而不是基因层面。治愈心理上的创伤需要时间、运气和巨大

的勇气。在我们成为一个心理健康的成年人之前,请控制好自己的手。对家暴零容忍,不仅是指夫妻之间,更是指家长与孩子之间。

4

第四章

亲密关系：

婚姻中夫妻关系必须放在第一位

人心是复杂的。两个人要过一辈子，所要经历的磨砺也是难以想象的。都说即便是再恩爱的夫妻，也会有无数次想要离婚和掐死对方的冲动。然而，支撑他们走下去的，正是他们对婚姻、对家庭的爱与责任。没有人能拥有完美的婚姻，但我们可以在一次次的矛盾和争吵中慢慢学习和成长，从而成为更好的彼此。

好的关系
需要两个人一起努力

有读者私信问我,"在带孩子方面和老人有冲突"该怎么解决,比如孩子怕黑,晚上要开着小夜灯睡觉,但奶奶觉得费电,说不能惯孩子这些坏毛病。妈妈认为老人的思想太顽固,不尊重孩子,但又不能和老人起争执,于是自己气到内伤。

我问她:"那你老公的态度呢?"她说:"老公对孩子也比较严厉。"她私下和她老公聊过好多次,她老公的态度有了些许改变,但一遇到孩子的奶奶就瞬间倒戈,奶奶说什么就是什么,无条件维护。我又问:"你老公和他妈妈之间的关系以及他处理你们婆媳之间摩擦的方式,你俩交流过吗?"她说:"聊过好多次,但都没用,老公就是坚定地认为老人说的话不能反驳,即便错了也不能反驳。"

一般遇到这种描述我都会想:对方心里已经坚定地把自己的妈妈排在了第一位,高过老婆和孩子,那你还坚持什么呢?这些

第四章 亲密关系：婚姻中夫妻关系必须放在第一位

来咨询我的妈妈也并非不知道自己的老公有问题，而她们选择继续留在这段关系里纠缠，原因几乎是一样的：也许他会改变。

其实，这要看对方是否有改变的可能。改变，一定是有动机的，比如有的妈妈和自己母亲的育儿观念有冲突，但她并不会毫无原则地维护自己的母亲，因为她明白，老人的某些育儿方法或理念确实不适合自己的孩子。这时，母亲的本能会让她敢于对自己的母亲说"不"，因为她知道，更需要关注和保护的是自己的孩子。

而眼睁睁看着孩子因为奶奶不让开夜灯而大哭，依旧觉得老人对的人，那一刻，他眼里是没有孩子的，或者说，在他心里，孩子的哭闹远远比不上自己母亲生气的后果严重。在他心里，做一个好儿子远比做一个好父亲、好丈夫更重要，那他有什么动力去改变呢？

一般来说，这种情况，除非是你们和老人彻底分开生活，各过各的，那很多问题自然就没有了。但如果你没有这个能力或者没有离开的魄力，那就真的没办法了。

关于你能否改变对方，这个问题的答案永远是否定的。任何人都无法改变另一个人，除非他自己想要改变。你觉得你老公应该以小家庭为重，你老公觉得你应该以哄老人为重，你愿意改吗？

成年人想要留在自己的思维方式里的愿望是很强的。我看过这样一个例子：孩子被家长打骂时，无论家长怎样推开他，他还是会扑回去,试图抓住家长的手,一遍遍地喊着爸爸、妈妈。这就跟某些成年人在婚姻里无论经历怎样的肢体暴力、语言暴力,却还是会义无反顾地留在婚姻里一样。

敢于离开一段不好的关系的人,一定是他自己想通了,而不是别人说服的。那些把自己妈妈的话当作圣旨无条件维护的人,是劝不回来的。只有某天当他自己意识到,原来,老婆和孩子才是自己最重要的人时,他才可能会去调整这个顺序。而客观地讲,对很多人来说,这一天可能永远都不会出现。

接下来是一个直击灵魂的问题:既然这段关系让你如此痛苦,你为什么还要留在这儿?

拯救欲和改造欲是最容易让人陷入恶性循环的。就算那个人过得不好,也是他自己的选择。从心理学角度来讲,每个人的选择都是最符合自己深层心理需求的。

爱是一种能力,这种能力是从小培养的。如果一个成年人或中老年人没有这种能力,那他也绝对不会突然拥有这种能力。即便是接受连续、深度的心理治疗,没有三五年也是不会有实质性变化的,更别提那些本来就认为自己没有问题、不需要改变的人了,他们只会随着年龄的增长变得更加固执己见。

当然,这并不是说一旦发现关系出了问题,就要立刻头也不回地走掉。我也接触过一些离婚后独自带着孩子的单亲妈妈。她们要独自面对很大的生活压力,还有周围人的不理解、歧视。她们经过离婚的洗礼后,变得更加坚强、独立,彻底放弃了做别人

第四章 亲密关系：婚姻中夫妻关系必须放在第一位

的附庸，成为真正独立的女性。

前段时间，可可听到幼儿园的老师在讲结婚、怀孕、生宝宝这些事情，很认真地问我："我以后也会结婚生宝宝吗？"我想了想，说："不一定。结婚只是一种选择，不是每个人都必须结婚的。生孩子也一样，你可以选择生，也可以选择不生。"

不过无论选择哪条路，只要是自己内心所想，就一定要尽力去尝试，并且敢于承担选择所带来的结果。至于身边那些不想改变的人，就随他去吧，任何人都有选择自己喜欢的生活方式的权利。

夫妻关系比亲子关系更重要？
这得看具体情况

曾有位妈妈急着让我回答一下她的问题。她说，最近孩子进入T3（也就是可怕的三岁，这时孩子的自我意识逐渐清晰，变得很容易和家长对抗，还很固执），她想知道自己该怎么做。我跟她细聊后发现，其实，她很清楚自己应该如何与孩子相处，也能站在孩子的角度理解孩子、包容孩子，问题出在她老公身上。

她老公和家里的老人都支持打孩子，觉得她把孩子惯坏了。群里有好多妈妈也说，自己家人也这么觉得。妈妈只能逼迫老公看一些尊重孩子的育儿类文章，试图把老公拉到自己的阵营里。

我问她："你老公是不是从小被打到大的？"她说不是。我又问："那他也不是在有爱和包容的环境下长大的吧？"她说："是的。我婆婆是一个控制欲很强的人，对孩子的教育也特别严格，不容许出一点儿错。"

有的家长虽然不打孩子，但他的眼神、语气以及话语背后的

第四章 亲密关系：婚姻中夫妻关系必须放在第一位

恨意，会像刀子一样划在孩子的心上。孩子在一个充满暴力和控制的环境中长大，通常会出现两种情况：一是，孩子能够承认并接受父母对自己的教育方式有问题，然后对父母产生极大的愤怒，同时，也会因为意识到这样的教育方式有问题而反思和调整对自己孩子的教育方式，避免让孩子重蹈覆辙。二是，孩子压抑并扭曲自己所受到的伤害，认为父母是为自己好。成年后会很孝顺父母，但他们内心压抑了很多愤怒，而这些愤怒最终会转嫁到自己孩子身上。他们会沿用父母的教育方式，一方面把对父母的恨意投射到孩子身上，另一方面则试图证明父母当年对自己的教育是正确的。

但凡能够直面父母对自己教育的失败，直面自己内心的愤怒和委屈的人，虽然和父母关系会不好，但都能最大限度地把这种痛苦终止在自己这一代。而那些无法面对自己内心的痛苦、无法承认父母过失的人，则会把这样的"教育"传承下去：父母伤害他，他伤害自己的孩子，直到有一代人能够纠正其中的错误。

有人说："在一个家庭里，夫妻关系要优先于亲子关系，这样才能给孩子带来充足的安全感，家庭才能稳固。"但经过近几年的观察，我发现，大多数家庭成员因为育儿观念发生冲突时，根本没把夫妻关系放到亲子关系之前来考虑，总有一方固执地拒绝学习、拒绝成长，坚定地认为自己才是对的。但如果你选择顺应他的心意，那就只能看着孩子被打骂，最终让孩子变成他的情绪"沙包"。

也许结婚前你也认同孩子就应该好好教育，该打就打，不然会变成"熊"孩子。但有了孩子后，通过学习、体验并和孩子相处，你发现，这并不是教育，而是成年人的无能。但你的另一半没有意识到，仍然认为孩子就应该打。

夫妻之间因为育儿观念不同而发生的冲突，本质上和育儿并没有直接关系，和孩子也没有关系，而是你们之间的沟通出现了问题。你无法和对方平等地沟通，敢怒不敢言，无法保护自己的孩子。这一切都不是孩子造成的，而是你们之间的互动本身就存在问题，即使没有孩子，你们也会因为其他事情产生矛盾。

世界上没有哪两个人的三观、性格是百分之百匹配的。磨合需要的是两个人共同努力，而不是强制一方去符合另一方的标准，这样双方都会很痛苦。

我也见过一些极端的例子，丈夫虐待孩子，妈妈无力保护，最后警察介入了，但妈妈还是选择把孩子带回家，理由是："为了给孩子一个完整的家，孩子不能没有爸爸。"这种情况下，难道还有坚持的必要吗？

每个人的育儿观念都不同，但有一个原则：不能伤害孩子，更不能打着教育的旗号去故意伤害孩子——无论是身体上还是心理上。如果这个底线都无法达成一致，那就请你不要再考虑夫妻关系是否和谐了，还是先考虑一下孩子的心理问题吧。

如果你的另一半执意要伤害孩子，觉得这就是教育，那你有两个选择：要么和另一半好好谈谈，双方达成不伤害孩子的协

第四章 亲密关系：婚姻中夫妻关系必须放在第一位

议；要么就睁一只眼，闭一只眼，等孩子长大后出现心理问题时，给孩子找心理咨询师。

孩子不会因为你劝阻无果而免遭伤害，如果你做不到好好保护他，那就要准备好承担后果。

判断一个人心理是否健康，很重要的一点就是：看他处理矛盾和冲突时是压抑自己，是固执己见，还是尽量去沟通。如果你的另一半教育孩子的态度很恶劣且无法沟通，那他确实有问题。不过，愿意留在这样一个人身边，眼睁睁看着孩子被伤害却无计可施的你，难道就没有问题了吗？

如果没有爱，
另一半再优秀也白搭

不久前，我看到了一条让我很有感触的微博，博文说很多人根本不懂什么是爱，更不懂如何去爱。

博主和朋友吃饭，朋友说感觉不到老公对自己的爱。他们已经结婚十二年了，在外人看来，他俩事业有成，是一对璧人，但朋友真实的感觉是：老公还是个孩子，从来不做家务，所有开销都是AA制；她给老公买礼物，她老公却从来不给她买礼物；他俩出国时，她老公和别人交流也从不给她翻译。当她要求老公给翻译一下时，她老公却很诧异地说："我自己当年出国语言不通，也没人给我翻译啊！"

博主的朋友也并不是依附型女生，她自己创立公司，学习外语，还打算考研。十二年来，她老公对她也一直很专一，但她知道，她老公不爱她，也不爱任何人，因为他根本不知道什么是爱。博文最后说："许多人喜欢把爱挂在嘴上，觉得跟你在一起就是爱，想你、离不开你、没有做对不起你的事就是爱，所以，即使他们自私、任性，对你没有丝毫怜惜和保护欲，不理解你，也不为你们的未来着想，他依然觉得自己很爱你。但事实并非如此，不是在一起、不出轨、不家暴就是爱了，爱没有那么简单。"

仔细想想，有多少女人都活在这种痛苦却又无法言说的婚姻里，即便她们说出来也不会有人理解，因为大家觉得，男人对你忠诚、不打你、不骂你、没有不良嗜好就已经很好了，还要什么爱，矫不矫情啊？

但我觉得，比起那些吃喝嫖赌、家暴、出轨的男人，这种爱无能的男人往往更可怕。其可怕之处在于，你的痛苦很难被他理解，并且他也并不觉得自己有问题，甚至连你自己都不清楚是不是应该觉得痛苦。

然而，这种爱无能的男人为大多数。博文下有好几个女生诉说了自己的感情经历，她们的前男友或者前夫就是这样的人。和他在一起，你找不出他任何严重的过失，他甚至可能还是一个各方面都很优秀的人，他也并不觉得你不够好，或者心有所属，而是他不会爱。

和这样的人过日子，只有当事人自己知道有多痛苦。那是情感的荒漠，无论你再怎么努力也不会开花，只会让自己越来越绝望。而外人还会说，结婚最重要的就是过日子，别去想那些没用的，谁家不是这样，就你事儿多。

美剧《我们这一天》中的男主角也是一个有缺点的人。他年轻时无所事事，也没有正式工作，成家后有了孩子还常常酗酒。他之所以能和女主角一直过下去，并成为孩子心中的好爸爸，是因为我们能从剧中的每一个细节看出他对妻子和孩子浓浓的爱。虽然他并不完美，但维系婚姻和家庭要的不是完美，而是爱。

不懂爱也是我们这个时代大多数人的一大特点，因为在我们成长的环境里，大多数孩子从父母那里得到的爱都是有条件的。这已经不能称之为爱了，因为父母传递的，是他们爱孩子达成的结果，而不是孩子本身。

我们的父母认为婚姻就是搭伙过日子，互相忍受才是美德。他们并不在意婚姻的过程中彼此有没有感情，他们更在意的是婚姻是否维持着世俗所认可的完整性。而在这个过程中的忍受，正是他们所称道的，他们还会拿这种忍受来教育下一代，比如："我们那会儿再吵再闹不都忍过来了？现在的年轻人就是矫情，跟谁过日子都是这样，不信你换一个试试？你就是吃不了苦。"我想，这样的人也是不会真正懂得爱孩子的。

真正爱孩子的父母是舍不得让孩子吃苦的，但抱有"老子当年吃不饱饭，没有玩具玩，凭什么现在要让你吃好的、玩好的"想法的人还有很多。在任何平台搜索"叛逆""不听话""不孝顺"等词时，你都能看到有评论说："这些孩子这么不懂事，都是因为现在物质条件太好了，就应该让他们尝尝以前的人所受的苦，多打几顿就什么毛病都没了。"甚至有九〇后评论说："我小时候也不听话，好好说根本不管用，我妈给我一巴掌，我立刻就乖了。孩子就是欠打，不能惯着。"

如果有人评论说，父母应该把孩子当作一个独立的个体来尊重，而不是一味地要求孩子听话、懂事，就会立刻被围攻："一看你就没孩子，你这样养孩子，等着以后后悔吧，'熊'孩子就是这样惯出来的。"

不懂爱、不会爱并不是个例，而是大环境如此。在这样的环境中，懂得爱、渴望爱的人会活得很痛苦。如果我们能够坚持改变这种现状，那么从我们的下一代开始，孩子就会成为懂爱、会爱的人，而不是继续把麻木与薄情传递下去。

渴望爱并没有错，也并不可耻，但这条路很难走，我们一起走就不会感到孤单了。

老婆辞职在家带孩子，就是为了逃避工作

前段时间，我注意到这样一个问题："孩子现在四个月，老婆产假快结束了，她说想把工作辞了，专心在家带孩子。请问，这究竟是为了孩子好，还是老婆想逃避赚钱养家的责任？"

我觉得能提出这种问题的人，一定是脑子有问题，因为比起带孩子的辛苦，上班简直是度假一般的享受。你要说有人为了逃避抚养孩子的责任，早早地回去上班我还信，但是为了逃避工作，留在家里带孩子的可能性几乎为零。谁都不傻，哪个辛苦、哪个轻松，一目了然。

朋友圈里，十个妈妈里有五个都在吐槽"熊"孩子：有的"熊"孩子怎么哄都不睡觉；有的"熊"孩子早上四五点钟就醒了；有的"熊"孩子一直追着妈妈求抱抱；有的则是把一整罐奶粉都打翻，还坐在旁边哈哈大笑……

同学的宝宝刚半岁，她平时不怎么看朋友圈。她问我："为

第四章 亲密关系：婚姻中夫妻关系必须放在第一位

什么我看大家都过得挺好的，感觉只有我自己过得很苦啊？"我说："别人也觉得你过得挺好的，因为不好的他们都没看见。"

另外五个妈妈的生活也很抓狂。她们要么是为了给亲戚、朋友留下一个母慈子孝的印象，要么是怕异地的家人担心只好报喜不报忧，要么是忙得压根儿没工夫发朋友圈吐槽……总之，有了孩子后，喝茶、看报、做指甲的生活，只存在电视剧里了。

有好几个朋友生完孩子后都问我，到底要不要辞职在家带孩子。她们是想辞职的，因为确实不放心把孩子交给长辈看管。但这也并不是说长辈会害了孩子，而这样做只是当妈妈的本能。

隔代育儿不仅会增加沟通成本，还会埋下家庭矛盾的隐患，因为老人的有些育儿知识比较陈旧，他们中有的甚至拒绝接受新的育儿知识，这对孩子的成长来说是有一定风险的。

但所有考虑是否离职的妈妈都有一种担忧——经济来源。现在已经没有女人会傻乎乎地相信男人所说的"别工作了，我养你"，因为她们明白，不论伸手问谁要钱，姿态都是很卑微的。而这份乞讨来的宠爱，不知道哪一天就会戛然而止。

所以，当一个本来能够好好工作养活自己的妈妈辞职在家，没有工资，却干着比上班还累的事情时，她并不是为了逃避赚钱养家的责任，而是权衡利弊之后，选择了牺牲自己的财务自由和社交自由以及职业发展，换取孩子一个优质的童年。

带可可去看《超人总动员2》时，让我印象深刻的是，超人妈妈被财团选中，要作为形象代言人出去工作，打击犯罪，超人爸爸则要留在家中带一个青春期的女儿、一个上小学的儿子和一个穿着尿不湿的婴儿。超人妈妈不在家时，家里立刻乱成一锅粥。最后，超人爸爸胡子拉碴，黑眼圈很重，不得不把婴儿托付给朋友照看一个晚上，自己足足睡了十七个小时才"活过来"。这时，他还要忍受超人妈妈在电话里诉说自己可以重新工作的兴奋和成就感。

当性别反转后，上班和带孩子哪一个更辛苦便一目了然。超人妈妈还会小心翼翼地试探，生怕自己的喜悦会伤害到超人爸爸的自尊心，并不断询问孩子的状况。现实中的男人如果能做到这样对待自己的老婆，那真称得上是绝世好男人了。就好比有段子说，女人天天给孩子喂奶、换尿布、做辅食、哄睡，也没人觉得她们伟大，而男人只要换一次纸尿裤，就成了人们眼中的绝世好爸爸。

以前女人没有工作机会时，男人能在赚钱的同时也照顾孩子，那确实是值得称赞的，但现在女人也能赚钱养家了，很多男人还依旧保持着"是我在赚钱养家"的盲目自信。

网上一位我很喜欢的大V说："男性往往把求婚当作是给一个女人的最高荣耀，他们根本意识不到自己在求婚时所说的那些话几乎都做不到。他们说自己会养老婆、孩子，但大部分男人其实根本养不起；他们说会照顾女人一辈子，其实是被女人照顾了一辈子。但是当他们把这些许诺说出口时，他们就觉得自己已经做到了，并且还带着一份'我为你做出了巨大牺牲'的感受。"

第四章 亲密关系：婚姻中夫妻关系必须放在第一位

多少傻姑娘就是被这张还没兑现的空头支票洗了脑，致使她们在婚姻里一忍再忍。都不用男人给自己找理由，她自己就已经为男人找好了无数个理由，来证明对方是有责任心、是爱自己的。

现实生活中，大部分人无法做到夫妻一同辞职抚养孩子到三岁以后再复工。请丈夫们理解一下，女人也很想工作，也很想和同事聚餐、逛街、看电影。既然你无法在家带孩子，那就请承担起安抚她的情绪、听她唠叨的任务，毕竟，比起每天被婴儿逼疯一百次，面对一个成年人的吐槽，杀伤力已经是很小的了。

男人上班已经够辛苦了，为什么下班后还要听老婆吐槽那些细枝末节呢？因为孩子是你们两个人的啊！

致那些在婚姻里痛苦却没有选择离婚的人

前阵子漫画圈有一条八卦新闻：男主背叛了和自己一起奋斗多年的结发妻子，出轨了小女生。当事人还没发声时，大家都在骂男主。过了两天，男主的妻子发表了声明，大致意思是她选择原谅男主，并且不打算结束这段婚姻，希望大家能给他们一些空间。而这条声明下点赞数最高的一条评论是："都已经到这个地步了，如果你还要回头，只能说以后再发生什么都是你自找的。"

现在离婚都有点"政治正确"了，敢于离婚的女性才是独立自主的，而日子过得不好仍然不愿意离婚的就是软弱、不独立、活该。不论离不离婚，女性都会承担更多的苛责。

有一次，一个平时很活泼的姑娘在群里和大家说，她发现自己老公出轨了，问大家该怎么办。因为平时大家在群里都聊得很好，彼此就像亲姐妹一样，一听到这种事情，大家第一反应就是

第四章 亲密关系：婚姻中夫妻关系必须放在第一位

很生气。有的说找人把男的打一顿；有的说一定要让公婆知道这件事；有的说找到那个女的，当面羞辱她一顿才能解气……

姑娘沉默了很久，问大家自己要不要离婚。大家都说："要离啊，你还年轻，赶紧把孩子的抚养权要过来，趁早离开这种渣男。出轨和家暴有第一次，就会有无数次。"姑娘久久没有回复。过了半个多小时，她私信我了，问我该怎么办。我说："你具体的情况我也不是很清楚，大家都劝你离婚，是为你感到不值，心疼你，但他们并不能代替你做决定。要不要离婚，一定是你自己综合多方面考虑再决定，包括经济、舆论，包括你和孩子的未来。我们只能在情感上支持你，而无法替你做决定。"

第二天，姑娘跟我说，她决定不离婚，但她会把这件事告诉公婆，然后问婆家要一笔钱，自己去做生意。她说，自己不能再这样做无忧无虑的人妻了，要开始为自己和孩子的将来做打算。

我看到过网络上一位大V评价原谅老公出轨的那位原配，他有一个观点我很认同：不离婚并不代表我原谅你或者我眼瞎，而是"你已经伤害了我的感情，不能再伤害我的钱了"。

我觉得离婚的原因有很多，不离婚的原因也有很多，钱也是其中很重要的一部分。绝大多数的婚姻关系里，夫妻二人的经济都是捆绑在一起的，房贷、车贷、养老保险、教育费用等，两个人一起可以轻松承担，一旦婚姻解体，对两个人来说都是巨大的经济打击。更何况，很多女性在怀孕和生产后的一两年内，几乎是与社会脱节的。她们为了能更好地养育孩子而选择暂时告别工作，几乎没有任何收入来源。向我咨询的最绝望的就是这些妈妈。她们不知道自己的日子过得有多痛苦吗？当然知道。她们不想结束这段婚姻吗？当然想。但是，离婚后自己短时间内无法独立抚养孩子，没有收入来源，根本无法争取到孩子的抚养权。

她们需要的是一些实实在在的支持，比如提供就业渠道、职业规划等。我们最不济也要给予理解和支持，帮助她们度过这段艰难的日子，而不是因为觉得女人应该独立自强而指责她们没骨气、活该。

但也会有人说，那为什么有的女人明明经济独立，完全有能力抚养孩子，老公是个出轨又家暴的废物，她还是不愿意离婚呢？因为对这类女人来说，在心理上，离婚比维持这段婚姻还要可怕。我的老师曾经在课堂上讲过一个案例：一位漂亮且工作能力很强的女士，在婚姻里被丈夫言语暴力和肢体暴力折磨了七八年，这期间，她还曾因为受不了而试图自杀，却始终不敢离婚，因为她一想到离婚就会惊恐发作。

我们在对该女士长达三年的心理治疗的解析里发现，这位看似受虐狂一般的女士，出生在一个严重重男轻女的家庭里。婴儿时期，她经常被扔在床上无人看管，哭到嗓子沙哑，甚至还出现了好几次病危，每次都差点活不下来；在儿童时期，她又被不同的亲戚抚养，没在一个家庭里待过两年以上；后来，她上初中就开始住校，因为学习成绩好又不善言谈，常常被同学孤立、被校园暴力。

第四章 亲密关系：婚姻中夫妻关系必须放在第一位

　　她老公是她的初恋，起初对她特别好，细心又体贴，还让她感受到很强的亲密感，而这恰好是她最渴望的，也是她从未得到过的。但婚后这样的亲密就变成了扭曲的控制欲，在这样的控制欲下，他不断在感情和身体上折磨她。每当她下定决心要离开时，他又会百般恳求，甚至还以死相逼。这让她觉得，一旦离婚，她老公就会活不下去，如此反反复复地折腾，最终把她牢牢地锁在了这段婚姻里。

　　经过长时间的心理治疗，她才逐渐意识到，这段感情对她的伤害已经远大于滋养了，她也明白了她老公需要为他自己的生命负责，而不是她为她老公负责。

　　离婚还是不离婚，对外人来说很容易，但只有当事人知道个中滋味。当你看到、听到的越多，你就越明白，婚姻不是非黑即白，没有必须要结婚的理由，也没有必须要离婚的原因。能选择潇洒地离开，开始新生活的人，固然值得称赞和祝福，但那些仍留在痛苦婚姻里挣扎的人，也同样需要理解和支持。独立还是不独立，更重要的是看你有没有能力根据自己的意愿选择想要的生活，并且承担相应的后果。

我想和你聊聊，
你说你想静静

有几个月，我一直在参加一个线上心理咨询录像督导课。简单地说，就是找两个人模拟心理咨询。这个过程半真半假，要录下来回放，并由老师带领大家解析这个案例。

进行到第四个案例的第一部分咨询时，我们终于迎来了第一位男性"来访者"。这次的话题特别贴近生活："家里有一位脾气不好的老婆，自己为这个家勤勤恳恳提供经济支持，还要负责做安抚老婆情绪的人肉沙包，感情早已在柴米油盐中耗尽，想要离婚，却因为老婆情绪不稳定不敢和老婆提。"

现实中，这样的"好男人"实在是太多了，争吵中，把沉默当作风度，眼睁睁看着女人在自己面前抓狂、疯癫、情绪爆发，然后他冷冷地说一句："你先静一静吧。"

不过，本节并不是为了批判男人，因为骂他们冷血无情并不能对夫妻关系的改善起到任何作用。我会试着让处在婚姻关系里

的人看看自己是什么样的人，然后再看看对方是什么样的人。

女人篇

婚姻之初，每个女孩都会带着或多或少的甜蜜幻想进入柴米油盐的生活，总觉得即便过来人把婚姻说得很不堪，那也不一定会发生在自己身上。他和别的男人不一样，又或者说，自己和别的女人不一样。

然而，这种独特性最经不起现实的折腾。你从小看够了别的夫妻为一点小事就吵得天翻地覆，当你刚认识你的现任丈夫时，你觉得他宽容、大度，挂在嘴边的永远都是：你定、你说了算、你喜欢就行。由此，你认为自己终于可以逃脱世俗婚姻里琐碎的争吵了，结果，争吵是避免了，因为不管你怎么喊、怎么闹，他都无动于衷，他会面无表情地问你："那你想怎么办？你倒是给个解决办法啊！"

婚姻里最孤独的状态大概就是：两个人睡在一张床上，却比一个人还要孤寂，旁边的人虽然喘着气、打着鼾，却像是一尊冰冷的石像。他明明听力正常，却听不见你的绝望；他明明视力正常，却看不见你的痛苦。

而没有回应的婚姻最容易催生出两种女人：一种是你不给我回应，我就去找替代品，这个替代品可能是别的男人，也可能是工作、购物，甚至是孩子；另一种则是不甘心自己的婚姻变成这样，不相信男人真的会无动于衷，于是想尽一切办法制造出更大的动静，试图让对方看到，比如大喊大叫、砸碗摔盆，有的人甚至会选择自伤。

在这样的情况下，不论你怎样做，婚姻关系都会慢慢分崩离析的。因为，你最终的目的都是试图让这个男人改变。

而在下定决心离婚前，无论女人怎么闹，也都还是处于婚姻关系中的。

男人篇

冷暴力是两性关系中最高级别的攻击。女人再闹，都还停留在关系里，但当一个男人在面对妻子的情绪时保持沉默，其实意味着他已经从这段关系中抽离出去了。还有比把对方一个人扔在关系的空壳里更能伤害到对方的方法吗？

男人之所以这么做，也是事出有因，因为在他们的潜意识里，有一种很恐怖、很夸张的感觉——"我开口的话，或者采取行动，就会立刻摧毁我的妻子"。

婴儿在心理上觉得自己是世界的主宰者，他们对自己的破坏力判断过高，觉得自己一旦对妈妈发怒，妈妈就会被自己的愤怒"杀死"。实施冷暴力的男人，对自己的攻击判断就如同婴儿一样。

当然，这一切都是在潜意识中运作的，所以听起来荒诞且不合逻辑。那为什么有的男人会在潜意识里这样想呢？不仅仅是男人，任何面对冲突都采取回避或者沉默态度的人，潜意识中都是

第四章 亲密关系：婚姻中夫妻关系必须放在第一位

这样的。

婴儿无法控制自己的攻击，他们对自己破坏力的评估是根据受害者的反应来判断的。如果婴儿打你、咬你，你能够理解他的行为，并以一种相对温和的方式制止他，那么他会了解到：原来我的愤怒并不会"杀死"对方，对方是可以承受的。

但如果妈妈被婴儿咬了后，立刻愤怒地把婴儿扔到床上，并且咒骂他，甚至把婴儿独自留在房间，这对婴儿来说，就相当于印证了自己的愤怒确实会把妈妈毁掉。

如果孩子在成长的过程中一直不被允许表达愤怒，家长也无法化解他的愤怒，那么他对愤怒的理解会一直处在婴儿时期的幻想状态里——愤怒是非常糟糕且破坏力极大的事情。所以，当男人体会到自己的愤怒时，是很恐惧的，他必须克制自己不要做出任何行为或回应，因为一旦行动或开口，潜意识里就觉得自己会毁掉妻子。既然他潜意识里觉得一开口就会摧毁妻子，那么他的沉默、不回应，其实是在保护妻子不被他伤害。

无论是男性还是女性，在亲密关系中，都要注意一个原则性问题——自我负责。人们在亲密关系中，往往会变得不讲理，觉得对方应该为自己的负面情绪负责，或者觉得对方是自己一切负面情绪的罪魁祸首。实际上，我们每个人都是自己情绪的主人，因为只有我们自己才真正懂得自己，而真正的亲密关系也只会发生在两个能够自我负责的成年人之间。

婚姻里最可怕的是你对我没兴趣

对人感兴趣，听起来似乎是一件特别容易做到的事情，其实，里面包含了太多的深情和能力。大多数人都只会对自己"心里的那个人"感兴趣，而会对"真实的人"视而不见。

一位大我好几岁的姐姐告诉我，她打算离婚。我很惊讶，因为她的婚姻在外人看来接近完美，儒雅绅士的老公不仅博学多才、事业有成，而且对她特别贴心，从来不拒绝她的任何要求，每隔一天就会给她买一束鲜花，甚至能记住他俩的每一个纪念日，对她的父母也是好到无可挑剔。

他俩是高中同学，从大学毕业后在一起到现在，结婚也十余年了。他们有一个乖巧的儿子，读小学三年级。她自己也保养得很好，坚持做瑜伽以及各种运动，还时常带儿子去听音乐会、看话剧，和老公一起出席各种商务场合，怎么看他俩都是才子佳人、模范夫妻。

第四章 亲密关系：婚姻中夫妻关系必须放在第一位

我小心翼翼地询问她为什么走不下去了。她淡淡地答道："他对真实的我没兴趣，他只是需要一个好老婆，给他儿子找一个好妈妈。我累了，不想再配合他了。"

她说话的语气和表情让我相信她是认真的，而不是闹情绪、耍脾气，是真的走不下去了。后来，我俩又聊了很多。她说，刚开始确定关系时，他俩都还年轻，那会儿她还是一个天真烂漫的小女孩，没什么想法，和所有年轻女孩一样喜欢闹别扭、撒娇，而她老公对她的呵护一直都是无微不至，从没对她发过火。那时的她觉得，这大概就是爱情了。

结婚后，她也逐渐增加了工作经验和社会经验，开始由女孩的思想慢慢过渡到女人的思想。她开始看很多书，思考很多。她原本以为这是好事，因为老公很好学，自己如果能够和老公保持同频，应该也有助于促进感情吧！结果，她发现自己根本没法和老公有不同意见，尤其在探讨一些比较深刻的问题时，老公对她的态度就像老师对待顽皮的孩子，从不把她说的话当真，只是笑着抱抱她，说别想太多。

后来，她又自学了心理学，还研究绘画、茶道、电影等。虽然她了解到世界的广阔，回到家却必须收起自己"成熟"的思想，当一个没有想法的小女孩，不然就要面对老公的"冷暴力"。

她说，有时她老公宁愿为了生活中鸡毛蒜皮的事吵架，也不愿和她讨论一些更有意义的事情。她苦笑着说："可能对他来说，没有思想的家庭主妇更好控制吧。"

如果你的另一半对真实的你不感兴趣，只希望你符合他预期的想象，那真是一件让人愤怒又失望的事情。

朋友提到的"更好控制"确实也是问题的关键。真实的人是不好控制的，尤其是一个会不断学习、不断变化的人。一个缺乏自信的人是不会让自己和一个不断成长的人生活在一起的，因为这样的生活不可控，并且对方的成长和变化会让自己感觉受到了威胁。

我想，没有男人会说自己就是想要一个"没脑子"的老婆，女人也不会说自己想要一个不思进取的老公，但如果你的另一半是一个很有想法的人，你真的能接受吗？

同样的事情也会发生在亲子关系里。父母总是认为自己完全了解孩子。当孩子出现某些让人不理解的表现时，父母的第一反应通常是：这孩子是不是有什么问题？而他们下一步会做的通常就是纠正问题，而不是思考行为背后的原因究竟是什么。很多父母只想要一个"正确"的孩子，而不是想要一个"真实"的孩子。

孩子被父母怎样对待，他就会怎样对待别人。如果你的父母只要求你"正确"，那你所有的"不正确"以及不符合"常识"的想法都会被粗暴地纠正，然后你也会更加倾向于用这种方式去对待你的朋友、爱人和孩子。

我们学习育儿知识，是为了更多地了解孩子，而不是为了让

第四章 亲密关系：婚姻中夫妻关系必须放在第一位

孩子符合书中的标准。如果家长把书中的标准往孩子身上硬套，一旦发现孩子不符合，就觉得孩子有问题，需要被纠正，这完全就是本末倒置了。

毕竟现代科学依然存在许多的未知，很多理论都在不断地被改写或推翻，尤其是教育学、心理学方面的知识。对我来说，在心理学领域学习得越久，就越容易产生自我怀疑，因为我认识到现实的不确定性实在是太多了。我们唯一能做的就是尊重每一个人，尊重孩子，尊重伴侣，也尊重自己。

其实，我们并不是在寻找完美的另一半、完美的父母、完美的孩子，因为这样的人根本不存在，也不可能存在。我们对关系最大的需求是对方能够看见自己，不批判自己。即使对方不理解、不支持，但也能做到尊重我的生活，允许我做自己，这，就是最大的爱了。

当然，别人的态度你控制不了，你越控制，就越容易引发争吵和失望，所以，我们不妨先培养看见自己的能力，允许自己不优秀，允许自己迷茫，允许自己恐惧。

一位老师告诉过我：别人对待你的方式，都是你教会他们的。所以，如果你想要被别人看见，你首先要学会看见自己。

夫妻吵架的
正确姿势

女人这辈子最想离婚的日子大概是生完孩子的头两年。我曾不止一次声泪俱下地威胁可爸：我和你离婚后，第一件事就是去给孩子改姓！结果他在旁边笑得直不起腰来。

为什么想离婚呢？原因太多了：

他晚上睡觉打呼噜把孩子吵醒，自己却依旧呼呼大睡，留你一个人哄孩子入睡；

他下班没有及时回家，导致你一个人给孩子洗澡，后来他说是和同事喝酒去了；

他不明白你为什么要和婆婆据理力争，而且只是因为孩子要不要穿纸尿裤的事；

他周末休息，在家呼呼大睡，丝毫不管忙里忙外的你；

他不理解自己只是说了一句"你要我怎么做你才满意"，你就变得歇斯底里；

他无意间提起公司新来的前台姑娘长得很漂亮，和你以前一样；

……

爸爸们，相信我，这上面的任何一条都是"死罪"。

我也有朋友做了爸爸后，找我吐苦水："我已经很努力了，为什么我老婆一直不满意呢？她确实不容易，确实很辛苦，我承认，但为啥她就看不到我的努力呢？"

夫妻过日子不是开表彰大会，也不是比惨大赛，谁付出得多、谁更惨谁就赢了。老婆在吐苦水时，是希望老公能够看到自己的付出，认可自己。男人顶着养家的压力，却发现总是无法让老婆满意，一怒之下，直接就说："算了，老子不伺候了。"男女思维的差异让老公们忽略了，其实女人吐槽是在呼唤你的情感支持。

吵架其实也可以成为亲密的互动，只要你掌握了正确的方式。

1. 多用"我"开头

举个例子，你很生气时可以说："我现在很生气，不想说话。"而不可以说："都是因为你，我才会这么生气的！"这样做的意义是，表明我在为自己的情绪负责，我承认我在生气，但我只是想表达自己的情绪，并不是怪罪你。

心理学界流传着一句很气人的话：那些能伤害到你的，都是你允许的。虽然很不情愿承认，但不得不说，我们的情绪是受多种因素影响的，是非理性的，所以无法具体去怪罪谁。或者说，你怪罪别人也无法解决问题，只会使关系恶化。

你把指责对方的内容转换为自我表达时，就会大大降低语言带来的攻击性，让对方更容易理解你所说的话，而不是想着如何反驳你。

2.在吐槽前先做好声明

比如我在和老公"算账"时会说："接下来我要跟你聊一聊我最近的情绪。我并不是说你做得不好，或者怪罪你，我只是希望你能听我说说话，知道我心里是怎么想的，对我表示支持就行了。"

这个声明很重要：一方面你可以提醒自己不要使用攻击性的语言；另一方面是让对方能提前调整好自己的心态，去接收你表达的内容。

男人的思维是这样的：老婆和我抱怨，一定是我哪里没做好，那我就应该想办法去调整。如果改变不了，那女人为什么还要抱怨？简直就是在做无用功！

男人呀，希望你们能明白：抱怨有时确实没用，但抱怨完了心里爽呀！生活中有太多我们无能为力的事情，无法改变并不意味着我们不能对此产生负面情绪。而女人在表达负面情绪时，往往会激起男人的无力感：我也没办法解决，你还不停地说，这让

第四章 亲密关系：婚姻中夫妻关系必须放在第一位

我很有挫败感。

这种无力感很容易转变为愤怒：你明知道这事我解决不了，你还说个不停，你是不是非要和我过不去？或者就是男人对女人常说的那句：你还要我怎样？

这个社会对男人在情感表达上的要求是很苛刻的。许多男人都羞于表达自己的负面情绪，因此，他们也不大会处理女人的负面情绪。这不能怪他们，因为他们自己也是受害者。

男人在面对老婆的抱怨时，只要能做到：不评价，不攻击，理解对方，就可以了。如果可能的话，也尽量讲一讲自己的情绪和压力，让对方知道不止她一个人承受着负面情绪，你们是同一条战线上的战友。这样由彼此抱怨、攻击，变为彼此理解、支持，才能不断地滋养你们之间的关系。

3.负面情绪出现时，尽量不要积压，更不要冷战

破坏夫妻关系的"武器"，冷战绝对能挤进前三名。对婴儿来说，一个粗暴的妈妈好过一个冷漠的妈妈，因为粗暴的妈妈至少还有反应。

比语言暴力更可怕的是感觉的剥夺：把你置身于无法交流、没有情感连接的状态中。这是任何人都无法忍受的。如果你还想过日子，就请不要用冷战来表达自己的不满。当然，习惯冷战的人往往只是不擅长表达，或者不敢表达。也许在他过往的经验中，从来没人愿意倾听他的心声，所以他干脆就不说了，久而久之，就变得不想开口了。

良好的夫妻关系有助于修复内心的创伤，因为你们是有一定的感情基础的，所以，你不妨勇敢一点，主动表达自己的想法，也许会得到不一样的结果。当然，如果你的另一半喜欢冷战，他好不容易开口了，也请你尽量忍住批判的冲动，让他尝试表达自己。

夫妻、情侣之间的相处，其实就是轮流给对方当妈。好的情况下，是两人交替着给对方当妈，这样彼此都很满意；不好的情况下，两人同时变成小宝宝，期望对方为自己负责，这样就很容易产生矛盾。

我认为吵架的原则是：只要你还想延续这段关系，就应该努力维护这段关系，而不是抱怨对方为什么不改变。因为你无法控制除自己外的任何人，而你的幸福也不应该交给其他人来掌控。

婚姻里
只有爱是不够的

有人发给我一张截图，图中显示，男士的前女友突然联系他，并询问他的近况，还祝福了他，而这位男士已经结婚并且有了孩子。发完图后，他说："唉，想哭！"

估计当年是女生任性甩了他，多年过后，已经成家的两人突然联系上了，女生就开始回忆过往了。我把截图拿给女性朋友看，大家一致认为这位女士应该是寂寞了，而这位男士还真被撩动了。不论有没有后续，起码这段话达到了让这位男士忆往昔的目的。我们给这位男士的建议是：赶紧删掉聊天记录，不然被你老婆发现，你就等死吧。

婚姻里最防不住的就是这些幺蛾子。如果当年你觉得你老公很好，那势必也会有其他女人觉得他好，而真正能够让婚姻稳固的，就是你们之间不能只有爱情。

朋友H和她老公是高中同学，俩人从恋爱到现在孩子两岁，已经共度了近十年的光阴。我见过她老公很多次，是个温文尔雅的人，对她也疼爱有加。他们家的地位绝对是她第一，孩子第二，老公第三。她老公从没向她抱怨过，和她大声说话也仅有三四次，他把她当公主一般宠爱。

他俩的恋爱故事也是她一直引以为豪的。老公是校草，追求者无数，但他心里只有她。她对老公和公婆都非常好。我一度觉得她给婆婆买东西的次数，比给自己妈妈买东西的次数还多。她老公在她心里的地位也是不容动摇的。每当我们没正经地讨论"小鲜肉"、肌肉男时，她都会说："我觉得都没有我老公好。"

然而，今年上半年，她的情绪一直都很低落。过了好久她才向我们坦言，她发现她老公在微信上和别的女人调情。她看到的聊天记录只有当天的，很明显，之前的记录都被删掉了。她第一时间就去找她老公对质。她老公也没有否认，很诚恳地向她道了歉，并且保证以后绝对不会再犯，他说那个女人只是他在游戏群里随便加的，两人就是随便聊聊，并没有任何实质性的举动。

她告诉我们，她老公说的话她是相信的，但对她来说，这件事情最可怕的是：曾经让你无比信任、认定不会出岔子的一个人，居然不是你以为的那样。这种被打碎的信任和破碎的安全感才是最让她难受的。

她没有大吵大闹，而是和老公多次沟通后，努力消化了这件事情，整个过程大概用了半年时间。这期间，她的痛苦我无法想

第四章 亲密关系：婚姻中夫妻关系必须放在第一位

象，但最终她选择了对她而言更重要的东西。

在经历了这件事情后，她老公很感激她的包容，并且也坦言自己工作压力大，而她也工作忙，两人没时间好好交流，他其实很需要关心，但又不知道如何开口。两人因为这次不愉快的事情反而变得更加亲近，彼此也更加坦诚了。

婚姻是不完美的，我们也是不完美的，电脑程序都有漏洞，更何况人呢？网络上都说："对出轨零容忍，有一次就会有一万次。"如果用这样的态度去要求婚姻，那我们可能一生要离无数次婚。

杨澜的一段话曾经刷爆朋友圈。她说："婚姻的纽带，不是孩子，不是金钱，而是关于精神的共同成长，那是一种伙伴的关系。在最无助和软弱的时候，在最沮丧和落魄的时候，有他（她）托起你的下巴，扳直你的脊梁，命令你坚强，并陪伴在你左右，共同承受命运。那时候，你们之间的感情除了爱，还有肝胆相照的义气、不离不弃的默契，以及铭心刻骨的恩情。"

这并不是说爱不重要，而正是因为爱太重要、太可贵，所以我们才会在婚姻里互相让步，彼此接纳、磨合。而婚姻里除了爱，还有责任、恩情、肝胆相照、荣辱与共。

电影《失恋三十三天》里，那对举办金婚典礼的老夫妇让我至今都印象深刻。谈到年轻时发现丈夫出轨，奶奶说："买台电冰箱，保修期三年，你嫁了个人，还能要求他一辈子不出问题吗？出了问题就修。我这辈子不甘心的事情很多，唯独在这件事情上没有不甘心。"

东西坏了就扔掉，看似潇洒，实则是用情不深，懒得下功夫。婚姻持续得越久，我们越能在相处中发现自己的短板与缺陷。一旦出了问题就换人，这看似是一个完美的方案，其实是你一生都在逃避解决自己的问题。

不是说你一定要隐忍、成全，而是作为成年人，你应该用更加认真的态度来对待婚姻、对待家庭，而不是想怎么样就怎么样，在婚姻里唯我独尊，一旦出错就放弃，然后换个人从头再来。

朋友问我："这事儿要是发生在你身上，你会怎么做？"我相信人都有缺点，只是藏得好与不好的问题。与其捕风捉影地为一些事情苦恼，还不如仔细想想眼前这个人对你到底怎么样。彼此对对方的用心、对家庭的责任才是我们最看重的，不是吗？

人心是复杂的。两个人要过一辈子，所要经历的磨砺也是难以想象的。都说即便是再恩爱的夫妻，也会有无数次想要离婚和掐死对方的冲动。然而，支撑他们走下去的，正是他们对婚姻、对家庭的爱与责任。没有人能拥有完美的婚姻，但我们可以在一次次的矛盾和争吵中慢慢学习和成长，从而成为更好的彼此。

新手爸爸
为什么这么难当

在《奇葩说》节目里,有人吐槽男人既然没时间带孩子,为什么还要争分夺秒地生孩子,是为了搞行为艺术吗?

有一个被大家说烂了的现象:男人和女人对孩子的情感是不同的,因为女人从怀孕的那一刻起,就已经在体验做一个母亲的感受了,而男人是从孩子出生的那一刻起,才会觉得自己是父亲。

夫妻关系通常是新婚时你侬我侬,怀孕时岁月静好,孩子出生不到三个月,绝对就鸡飞狗跳了。女人常常会觉得自己当初是不是瞎了眼,甚至会怀疑身边这个男人是不是在自己进产房的那几个小时里被人调包了。

我看到过这样一个观点,说男人从得知自己妻子怀孕的那一刻起,他们的俄狄浦斯情结(指孩子潜意识会和同性别的父母竞争,去讨好异性的父母)就被激活了。

具体解释就是：他们潜意识中和竞争有关的强烈情感被激活了。这就是为什么不是所有男人在知道老婆怀孕后都立刻变得很兴奋。他们中有些甚至都被吓傻了；还有一些看似漠然，实则内心波涛汹涌；剩下那部分看起来非常开心的，也不一定是真的做好了当爸爸的准备，毕竟，在当下的社会环境里，很少有男孩小时候和爸爸的关系是健康的。

俄狄浦斯期就是在孩子（今天主要讲男孩）3至6岁的阶段，与爸爸、妈妈的相处中，是否被爸爸忽视，或者被爸爸过度严厉地惩罚，甚至是爸爸完全缺席了。

小男孩对爸爸的期待是：你既要优秀强壮，又不能让我因为你的强大而觉得自己特别弱小；你既要温和包容，又不能让我觉得你是个懦夫，以至于让我觉得自己更适合保护妈妈；你更不能完全消失，让我就像永远生活在只有我和妈妈的二元关系里。

其实小男孩对爸爸的这些期待，传统的中国父亲是根本做不到的。那传统的父亲是什么样的呢？严父，父爱如山，沉默不语。我记得小时候听过一首儿歌，现在回忆起来都觉得歌词很吓人：

哪个爸爸不骂人？

哪个孩子不害怕？

打是亲来骂是爱，

第四章 亲密关系：婚姻中夫妻关系必须放在第一位

哪个不是好爸爸？

所以说，新闻中频繁出现的虐童事件是有广泛且深刻的民众基础的，因为大部分人对家长体罚孩子的行为都是默许的，少部分过分出格的才会被大家唾弃。

传统的父亲形象是刻板且僵硬的，他们整天板着个脸，埋头于工作，只给家人留下一个冷冰冰的背影。也有少数父亲懦弱到骨子里，不论是生活中还是工作中，都表现出一副唯唯诺诺的样子，他们更无法成为孩子的榜样，也让孩子爱不起来。

很多男人成年后回忆起自己小时候和父亲的关系，都感觉难以启齿，因为那个爸爸很难让他感觉到爱和温暖，他们对爸爸的感情也只有恐惧和鄙夷。而这样的父子关系让孩子对父亲这个身份很难产生认同，因为他们根本不喜欢这样的父亲。

所以，请试想一下，当这样一个小男孩长大后，在得知自己的老婆怀孕后，会是什么感受？可能他的第一反应是：天啊，爸爸该怎么当？我爸好像并不是一个很好的榜样，那我要跟谁学？好像周围也没有什么好的榜样！影视、文学作品里也很少有！怎么办？我好慌！

但这样的慌乱他们能给刚怀孕的妻子讲吗？肯定会被骂的吧。很多男人根本就没想过，自己内心的不确定感其实可以和老婆或者男性朋友一起讨论。男人要面子，所以他们就默默地发展出一套自己的"怎么当爸爸才是好爸爸"理论。这主要是根据主流价值观来判定的，比如赚钱养家、给老婆买东西。

大部分男人都特别擅长在有了孩子后回避孩子和老婆的情感表达，因为他们内心实在是太没底、太脆弱了，生怕说错一句话。他们经常使用的策略是回避和愤怒，比如回避带孩子，回避和老婆谈心，或者直接反客为主地指责老婆"我辛辛苦苦赚钱养家，你连带孩子这点事儿都做不好"。

男人真的很难面对和表达自己内心的那些不确定、弱小、受伤的一面，因为他们自己也没见过能够灵活变通的男人，他们见到的都是极端型的：要么强大，要么懦弱，强大的是事业有成、不怒自威；软弱的则优柔寡断，什么都做不好，只会抱怨。在他们的脑子里，表达感情=软弱=失败=被瞧不起=可能被抛弃。

因为对被抛弃的恐惧感实在是太强烈了，所以他们无论如何都不能认尿。即使老婆再怎么与其沟通，他们也不会放弃自己心目中一个父亲该有的样子，即"该不管孩子还是不管孩子，该冷暴力还是冷暴力"。

被恐惧控制的人是很难灵活变通的，他们也经常让伴侣感到绝望，即便女人都对其死心了，他们还坚定地认为自己没有做错，而是女人太不成熟了。

与女性相比，男人的心理问题和创伤也有很多，只是他们很少求助，他们更喜欢用逃避或其他方式来让自己感觉舒服一些。

因此，我想对处在愤怒中的女人说：大部分人不借助强大的外力是改变不了的。理解对方、拯救对方不代表要把自己的人生

也搭进去。当夫妻关系进入了瓶颈期,你可以寻求专业人士的帮助,进行婚姻咨询,而不要盲目相信自己的力量,也不要只顾着抱怨对方,毕竟,解决问题才是最重要的。

5

第五章

隔代养育：

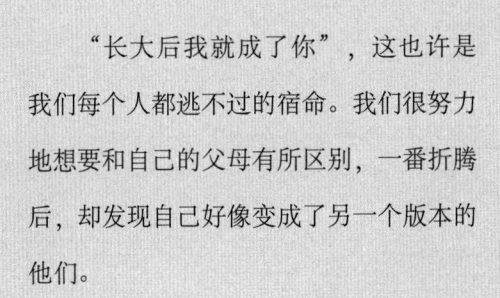

在带孩子方面和老人有冲突，该怎么解决

"长大后我就成了你"，这也许是我们每个人都逃不过的宿命。我们很努力地想要和自己的父母有所区别，一番折腾后，却发现自己好像变成了另一个版本的他们。

在带孩子方面和老人有冲突，该怎么解决

朋友的老公最近半年要频繁出差，而平时帮她带孩子的妈妈又突然病倒了，因此，她即将开启婆媳共处的生活。她和婆家住在同一个城市，只是距离较远，平时周末偶尔也会带孩子回去，只是吃顿饭，玩一会儿就走了，从来没和婆婆一起生活过。于是，她在妈妈群里问大家有没有什么婆媳相处的经验，结果收到了大家的一致同情。

她心里有点害怕，就来问我："真的有这么可怕吗？没办法和平共处吗？"和老人一起育儿是周围大部分家庭的现状，无论是和爸妈还是和公婆，都会存在相处问题。大部分家庭的妈妈休完产假都要回归职场，即使是从事一些不用出门的工作，也很难分出足够的精力，同时兼顾孩子和工作，而全职奶爸更是可望而不可即。

和老人一起带孩子，最大的问题有两点：一是生活习惯，二

第五章 隔代养育：在带孩子方面和老人有冲突，该怎么解决

是育儿理念。

很多人会抱怨老人脾气不好、性格有缺陷什么的，但只要没有严重影响你的生活和孩子的身心健康，完全没必要管人家性格好不好。而对于会影响到自己的生活和孩子身心健康的部分，处理起来只有一个原则——维持边界。在合作育儿里，边界感是最重要的。

先说生活习惯。有朋友曾跟我分享了一件事。她有了孩子以后，一直和公婆住在一起，刚开始她也不是很习惯，尤其是饮食方面。公公、婆婆口味重，她还在哺乳期，吃东西口味很清淡，每次婆婆做的菜不是特别辣，就是特别油，除了她，公婆和老公都吃得很香。她觉得很委屈，自己还在哺乳期，怎么就不能被照顾一下呢？她跟老公委婉地提过一次，婆婆做饭好转了两天，而两天后，又变成了又辣又咸。

后来，她慢慢明白了一个道理：婆婆不是故意要跟自己过不去，而是老人家的生活习惯就是这样，改不过来了。她自己也说，婆婆的性格大大咧咧，在生活琐事上不可能和她一样用心。婆婆也曾经说自己坐月子时没胃口，就特别喜欢吃辣的，照样也把孩子喂得很好。婆婆只是缺乏共情能力，但绝对不是心眼坏，故意为难她。

而她爸妈的饮食很清淡，也都是心思细腻的人，生活上把她照顾得很到位，但这种"到位"有时候也会让她觉得太唠叨、太细致，反而让她很有压力。现在和公婆这样随意的人一起生活，

虽然他们有很多不够细致的地方，但也不会对她提任何要求，睡懒觉、熬夜、长时间看手机都不会管她，她倒也拥有了久违的自在。

关于吃饭的问题她是这样解决的：提前一天想好吃什么菜，公婆第二天早上去菜市场时会帮她把菜买回来，然后她自己炒一到两个清淡的、符合自己口味的菜，有时不想自己做，就点一些口味清淡的外卖，公婆也会吃一些，慢慢地，老两口的口味变得清淡起来。她还给公婆科普老年人吃得清淡些有助于预防心脑血管疾病，两位老人也很受用。

我们不仅和老人的生活习惯有差别，夫妻间的生活习惯也会有差别，而且为此吵架的还不在少数。很多夫妻一开始都比较理想化，觉得彼此一定可以很和谐地生活在一起，但现实中不需要磨合就能过得很好的两个人几乎是不存在的。如果要和老人一起生活，请提前做好心理准备，告诉自己，你们一定会有不合拍的地方。有了心理准备，会让我们减少对彼此的恶意，更注重去解决问题，而不是彼此埋怨。

再说说育儿理念。这个确实让人很头疼，因为育儿理念不仅包含了生活习惯，还有更重要的关于"权利的争夺"。

每个妈妈都有"被害妄想症"：别人要跟我抢孩子。有时是因为产后激素波动导致妈妈过度敏感，有时是真的发生了这样的事情。不止一个妈妈和我说过，自己的妈妈或者婆婆说要把孩子带回老家养，让她好好工作就行了。更严重的是，还有婆婆经常

当着自己的面跟孩子说：妈妈不好，奶奶好，宝宝要跟奶奶亲，不要妈妈。

而且，公公婆婆、爸爸妈妈作为养过孩子的"过来人"，对自己的经验都有惯性的捍卫，所以，一旦这个问题在长辈的心里变成"我说话到底有没有分量""你们到底听不听我的"时，什么才是更科学的、对宝宝更好的，已经完全没有意义了。

这也是隔代人容易因为育儿理念产生矛盾的主要原因。要解决这样的冲突，不是靠科普就能行的，更多的是要让长辈们明白，我们只是在讨论问题，要研究出一个最佳、最安全的育儿方案，而不是质疑他们的经验。还有一点，就是要明确谁才是孩子的主要抚养人。当然，最好的情况是孩子的爸妈做孩子的主要抚养人，但这一点最好在孕期就协商好，并且主要抚养人有决策权，还要承担相应的责任。

对于一些新手妈妈即将回归职场，白天完全由老人照顾孩子的家庭来说，我们要遵循"不干活的人就少说话"的原则。对带孩子时间最长的老人，你可以温和地提出意见。如果实在是有很严重的原则性问题，无法协商解决，那就要考虑夫妻二人是否有一方需要暂时搁置事业，回家带孩子，或者另外请保姆来带孩子。

隔代育儿永远都是个难题，希望大家能顺利渡过这个难关。

为什么长辈总怕惯坏孩子

孕期，我一直在关注一个很火的儿科医生公众号，里面反复在讲培养新生儿独立睡眠的习惯有多重要。如果从出生就坚持让孩子睡小床，就能避免很多问题，主要是能让家长省很多力气。孕晚期时，我就买了婴儿床，并且和家人说："这个床一定不能成为摆设，一定要让孩子睡小床，到时候大家都轻松。"

可可出生后，夜里喂完奶，我再困、再累，都坚持把他放回小床上睡，每次放下都像拆弹一样，慎之又慎。一周后，我发现，几乎每次我放下不到十五分钟，可可就会哭醒，于是，我又要抱起来重新哄睡。

因为可可拒绝除奶睡外的任何方式，所以谁也没法帮我分担，我真的被折腾得要崩溃了。直到他半个月大时，刚好赶上过年，我怕晚上放礼花或鞭炮的声音吓到他，就决定让他和我一起睡。后半夜我实在是太困了，给他喂奶，喂着喂着自己就睡着

第五章　隔代养育：在带孩子方面和老人有冲突，该怎么解决

了。睡醒后，我发现他居然一口气睡了四个小时。

打那以后，我决定把他的小床和我的大床拼在一起，喂完奶就把他放到旁边的小床上，我拉着他的手睡。白天则是全天让他趴在我的胸口上睡觉，醒着的大部分时间也都是用背巾背着他，吃饭都把他背在胸前。更大一点后，我明显发现，他就是需要和我贴着睡觉，哪怕是已经睡得很沉很沉了，离开我超过十分钟也一定会醒。

从孩子出生开始，周围的人不论是爸妈还是亲戚，或者是小区里的大爷大妈都觉得："孩子吃睡就行，如果睡不踏实，那就是奶不够。不要抱孩子，会惯坏的。"他们从没想过，孩子除了吃喝拉撒，还有情感需求。

可可三个多月大时，有一次，我用背巾背他下楼遛弯，好几个阿姨围上来，用过来人的口吻劝告我："不能这样惯着孩子，你就等着吧，以后迟早会把你累死。"她们口中的惯着孩子，就是指我用背巾背着孩子，而不是把他放在婴儿车里。

起初我很气愤，觉得她们凭什么对我指手画脚，后来我才逐渐明白，对大部分中老年人来说，也许他们从小就没有被自己的父母温柔对待过，婚姻中也没有温情，他们缺乏爱的能力。对他们来说，看到两个人很亲密地在一起，不论是热恋中的男女，还是妈妈和孩子，他们都会觉得浑身不舒服，进而想要攻击对方，甚至想方设法要把他们分开。

因为那种亲密有爱的关系就像一面镜子，让他们看到自己身

上缺乏的温情，这会激起他们内心的羞耻、愤怒、委屈等不良情绪，所以，他们才会攻击那些因为爱而腻歪在一起的人。

大家可以回忆一下，尤其是中老年人，看到妈妈和孩子很亲密、很有爱时，他们的眼神是很复杂的，即使夸奖孩子，也会带着酸溜溜的感觉，更常见的是故意把孩子抱走，逗孩子"你妈妈不要你了，你跟我走吧"之类的，或者直接说孩子不知羞，黏妈妈没出息。等孩子被逗哭了，他们的表情就变得舒畅了许多，还会哈哈大笑。

我妈说我小时候也很爱哭，和可可刚出生时差不多，放下五分钟就会哭醒，吃奶又不好好吃。我姥姥就说，一定是她的母乳不好，我吃不饱才会闹，于是她早早地就开始了混合喂养，我不到一岁就给我断奶了。直到现在，我妈依然觉得当年一定是自己母乳质量不好。我说："现在看来，根本就不是饿啊，而是想和妈妈黏着，想让你抱着。"

我们的爷爷、奶奶那辈人经历了战乱、饥荒，而且子女又多，所以他们根本照顾不过来。我妈也经常说："那会儿人都傻，根本不知道孩子要这样带，也没工夫研究，天天工作累得要死。我也是这几年看你写的文章才知道，原来带孩子是这样的，感觉你写得挺有道理的。"

可能很多人试图和自己的爸妈或者公婆科普孩子需要亲密、需要安全感时，都会觉得心虚，这种心虚不是因为知识本身存在问题，而是和长辈说这件事，几乎是在挑战长辈的人生观。

有些老人比较灵活，比较有安全感，就能接受这些观点，即使不理解，至少也会表示尊重。而更多的老人会直接进入一种鄙视甚至暴怒的状态，会"攻击"年轻人，觉得他们什么都不懂，甚至还会搬出"孝顺"二字来打压新手爸妈。这看似是新老育儿观念的碰撞，实际是养育新生儿的过程激活了老人内心幼年时巨大的心理创伤，那种被忽视、被拒绝、没人爱的创伤。

他们好不容易建立起了一套心理防御机制：孩子哭就是奶不好；一哭就抱会把他惯坏，会让他不独立。并且，他们在养育你的过程中也秉持着这套理论，还会说，他们的爸妈也是这样养孩子的，孩子就该这样带。

两代人都这样坚定不移地活了大半辈子，现在突然被孩子告知：婴儿是需要很多的安全感和爱的，是需要经常被妈妈抱着的，是需要被理解、被满足的。这是一种人生观的颠覆。如果他们轻易就让这种"孩子需要被爱"的观点进入自己的内心，那他们就会很难过、很绝望。

理解长辈的内心活动，并不是说为了让他们心里舒服就顺着他们，甚至让渡自己孩子的抚养权，而是要让大家明白，长辈有他们人生的功课，他们的愤怒和痛苦不是你和你的孩子带来的，那是他们自己的旧账，必须也只能由他们自己去化解。

我们唯一能做的，就是坚持好好地爱孩子。虽然这个过程中会有很多阻碍，但是只要坚持下来，父母就能看到成效，他们的观念也会慢慢发生改变。

人生排序里
把父母放在最后一位

我曾看到一个视频，视频中焦俊艳和papi酱谈到了婚姻和孩子。焦俊艳说她觉得人不一定要结婚、生孩子，不生孩子的人也很多，但她爸爸还是觉得应该生孩子，理由如下：因为现在很多家庭都是独生子女，对父母来说，孩子就是自己最亲近的人。听到这儿，papi酱直接反问："孩子生出来是干这个的？"焦俊艳说："可能他们那代人都是这样认为的吧。"

紧接着，papi酱说了自己的人生排序：1.自己 2.伴侣 3.孩子 4.父母。场外的焦爸爸表情凝重，可能这个排序让他难以理解。papi酱这样排序的原因是：这个世界上陪伴自己时间最久的只有自己，其次是伴侣，而孩子和父母都只能陪我们走一段路。

她们还谈到了更现实、更残酷的问题。焦俊艳说她们这个职业，如果有孩子的话，女性和男性总有一个要退出工作，不然没人照顾孩子。这个问题papi酱没有直接回答，而是说："你现在

第五章

隔代养育：在带孩子方面和老人有冲突，该怎么解决

还没到那一步，不用考虑那么多。"嘉宾说："想得太清楚的人就没法结婚了。"在场的人一片附和，纷纷点头。我就奇怪了，女孩买个包都得考虑半天，为什么结婚、生子这么大的事反而"不敢想得太清楚"呢？他们似乎只在乎你是否拥有婚姻，而这个婚姻是否是你想要的，他们根本不在乎。

当媒体采访事业有成的男性时，只会问他们关于如何成功和专业领域的事情；采访事业成功的女性时，却经常把重点放在"如何平衡事业和家庭"上。如果对方是未婚女性，则会侧重于"工作这么忙，有没有时间谈恋爱，怎么把自己嫁出去"这方面的问题。

为什么就没人关注男人如何平衡事业和家庭呢？好像男人只需关心如何结婚、如何娶到老婆，结婚以后仿佛自己的使命就完成了，就可以全身心投入事业了。而女人的人生才刚刚开始，家庭才是她真正的战场。我想papi酱的人生排序爸爸们之所以无法理解，是因为她把自己放在了第一位，而把孩子和父母放在了后面。

我还看到了《中国妇女报》的一条微博：女性无酬劳的工作时间是男性的2.5倍，照顾孩子的时间是男性的3.1倍。所谓的平衡事业和家庭其实是不可能的。人的精力有限，投入到事业里的多，分给家庭的必然就少，女性大部分精力都投入在家庭里，自然就没有额外的精力去发展事业。

papi酱的人生排序我是认可的，只是对我来说，排序里关于

孩子的部分应该是动态变化的。在孩子小的时候，自然是需要我们投入更多的情感和精力，这是不可避免的。孩子的出生也一定会挤压成年人的自我空间，尤其是在婴儿期。但这并不是说女人当了妈妈就不能拥有自我了，就只是为孩子付出，而是说，正因为我们是成年人，所以我们要为自己的决定负责。既然选择把一个孩子带到这个世界上，那就要做好"在孩子出生的头几年为孩子付出你的时间、精力并给予情感的包容"的准备。

随着孩子不断长大，妈妈也要逐渐回归自己的生活。这个时候，如果妈妈还把孩子当作自己生活的全部，就会影响到孩子，也会影响到自己的生活。而关于父母的排序，可能是大多数拥有传统观念的人所接受不了的。这其实也和孩子的排序有关。那些失去自我、把孩子当作自己全部的人，等到他们老了，自然也希望自己是孩子的全部。这样一代一代传递下去就变成了：父母是最重要的人，这个重要程度甚至超过自己。

我们的文化传统里有很多有价值的东西，当然也有很多糟粕，尤其是那些压榨个人自我的传统，要求无条件服从男女社会地位等刻板迂腐的观念。有一年春节时有一个很火的讨论："过年吃饭，女人、小孩应不应该上桌。"这个话题到今天居然还在被激烈地讨论，这本身就是一种悲哀。

前段时间，北京市宣布单身女性也可以给孩子上户口了，这意味着我们的社会结构以后会越来越丰富。我们也应该让孩子知道，家庭结构不一定是爸爸、妈妈和孩子，也可能是只有爸爸和

孩子，或者只有妈妈和孩子。

每个人不论是单身还是已婚，你首先都应该对自己的人生负责，对自己的选择负责，不要为了结婚而结婚、为了生育而生育。作为家长，如果你屈从于"社会传统"，无法控制自己，让自己不去"随大流"，又如何教育孩子做一个独立、有担当、有追求的人呢？

关于隔代育儿有矛盾的另类解释

当老人和你的育儿理念不一致时，你该怎么办？

具体问题常见的有，孩子摔倒了哭，老人说："都怪这个地板，我们打它。"孩子和小朋友抢玩具，没抢赢哭了，老人说："你羞不羞啊？这有啥好哭的。"老人带孩子出门，经常会逼着孩子叫人，孩子不配合，老人会说："真不懂礼貌。"

父母都想把最好的提供给孩子，无论是物质方面还是精神方面。而老人的养育方式和年轻的爸妈肯定是不同的。我们经常担心老人会把孩子带坏，老人也时常会因辛苦付出还得不到肯定而满腹委屈。

有一位朋友又因为她妈妈和她老公吵架了。他们家是姥姥帮忙带孩子，因为奶奶在外地，一年只能来一两次。姥姥控制欲比较强，还有点洁癖，经常会嫌脏，不让孩子乱碰乱摸东西。

而她老公小时候家里孩子多，从小被放养，什么都玩，所以

第五章 隔代养育：在带孩子方面和老人有冲突，该怎么解决

他不喜欢岳母这样对自己的女儿，觉得不应该对孩子限制那么多，但是碍于面子，又不好直接告诉岳母，就用冷脸来表达自己的不满。而她妈妈不知道女婿为什么不高兴，所以总是提心吊胆。

她也和老公沟通过很多次。老公的意思是，既然是不对的育儿方式，那就要改正。而她觉得妈妈已经在改了，虽然做得不够好，但也不能完全抹杀老人对家庭的付出，而且她老公的态度让一家人都感觉很不舒服。

这是一个非典型案例，大多数家庭都是奶奶帮忙带孩子，媳妇对婆婆不满。不过，我们对自己父母的包容度总是高于对对方父母的包容度。

除去亲情的缘故，让我们更愿意原谅自己的父母外，我们对自己父母的行为也更容易理解，就像这位朋友说的："我妈确实有很多地方做得不够好，但是对比我的童年，她已经进步很多了。我小的时候，她的控制欲和洁癖更可怕，还会动不动就发脾气，至少现在她都没对我和孩子发过火。我觉得她已经在努力改变了。我告诉她的，她也都会听，但是我老公看不到这一点，他只认定我妈的育儿方式不够好。"

置换到婆媳关系上，我想很多媳妇都听过自己老公说："我妈就是这样的人，她一辈子都这样，真的改不了。"然而这句话并不是在推卸责任，而是在说："我和她认识这么久，我太了解她了。我知道你生气，但她真的改不了。"

我想，我们每个人在自己的成长过程中，多多少少都会对父母的养育方式产生不满，有的人表达过，有的人没表达过。时间久了，我们长大了，慢慢地也就接受了父母的养育方式，也逐渐放弃了改变他们的想法，而是试着调整自己的心态。

不过，有了孩子后，面对初生的婴儿，父母自然想要修正曾经发生在自己身上的错误，试着给孩子一个更好的童年，至少比自己小时候要好。但老人对孩子的态度还是会延续自己之前养育孩子的态度，这自然会再一次勾起我们对父母养育方式的不满。

对于自己的爸妈，不论他们是维持现状还是做出一些改变，我们都比较容易接纳，毕竟之前我们已经接纳过一次了。这时，我们会安慰自己：我的作用还是很重要的，就算我爸妈对孩子的教育方式不对，只要我自己做好就行了。

而对于对方的父母，我们往往不能容忍。因为我们和对方的父母没有长期的接触和了解，凭空冒出的一个人对孩子不好，谁都不能接受。不论嘴上说得多好，要把对方的父母当作自己的父母，但是没有感情基础的人在一起，就是很容易产生矛盾和冲突。

还有一点是大家不容易意识到的：我们在对另一半的父母表达不满时，实际上是把对自己爸妈的不满连带上了。虽说大部分人在意识上原谅了父母，但实际上这份不满从来没有消失，毕竟父母对我们有养育之恩，几乎没人能对父母发火并且不感到内疚，而对方父母似乎就是最好的"替罪羊"。因为彼此没有感情基础，所以对他们产生负面情绪也不会让我们产生内疚感。而这些情绪在表达时，又有很恰当的理由——这样做对孩子不好。这也让我们更"容易"对对方的父母发火。

与父母和解大概是每个人都要做的事情，这个和解并不是彻底原谅或无条件地接纳，而是理解——我并不认同你的做法，我也不会这样对待我的孩子，但是我理解你为什么这样做，并且我放弃要改变你的想法。

在达到这个状态之前，我们肯定要经历无数次愤怒、纠结、理解、再一次愤怒……对长辈不满很正常，其实长辈对我们也不满。我写这些并不是为了劝大家对长辈都要以礼相待、不能发火，而是想告诉大家：生气没问题，只要你明白自己为什么生气，你的愤怒所产生的破坏力就会小很多。

要把婆婆
当亲妈

每当看到有人说"要把婆婆当亲妈一样对待,婆婆才会把你当亲女儿对待"时,我的内心都在咆哮:有一个妈还不够吗?是不是日子过得太闲了?你知道婆婆养大自己的孩子有多烦吗?她真不缺你这一个女儿。

闺蜜小Z快结婚了,最近两家正在商量有关婚礼的细节。她几乎隔几天就要向我吐槽一次,说不想结婚了,觉得婆婆太作,比如,大到装修风格,小到见面时她的穿衣风格,婆婆都要管。只要她有一丝不愉快流露出来,婆婆就会生气好几天,和儿子抱怨自己是一片真心,小Z却不领情。

矛盾爆发是从上一年开始的。小Z和男友谈恋爱有好些年了,双方都是奔着结婚的目的去的,两方家长也都知根知底,都挺满意,唯一遗憾的是小Z的工作不太稳定。她觉得自己还年轻,就想多换几家单位,各种职位都尝试一下,再选择自己最喜欢的。

但小Z的准婆婆眼看着自己儿子年纪也不小了，该结婚了，可是女方的工作还是"三天打鱼，两天晒网"，她心里急得不行，于是发动身边的各种关系，想给小Z找一份体制内的工作。

小Z刚开始也没意见，对于准婆婆的安排她也很感激。就连小Z的爸妈都说："你这个未来的婆婆对你真的挺好的，对你就像对自己亲闺女一样，还给你安排工作，你可一定要好好对你婆婆，要像对自己亲妈一样。"

小Z也很听话，逢年过节都给婆婆买礼物，每次去婆婆家吃饭，她都会和婆婆一起收拾碗筷做家务，俨然把自己当作家庭的一分子了。

但是好景不长，入职三个月后，本来该转正了，但是单位的领导迟迟不给转，而且还给小Z加大了工作量，导致她因为加班爽约男友好几次，两人争吵的次数也越来越多。男友不相信就她一个人天天加班，而且不理解为什么领导就跟她过不去。小Z也很气愤，她的领导是出了名的不讲理，就喜欢会拍马屁的下属，而她没在体制内工作过，不适应这一套，所以领导这是故意给她小鞋穿。

一天，小Z因为加班遇上暴雨，恰好又忘记带伞，手机也没电了，最后淋雨回家，导致晚上发高烧。她又委屈又难受，哭着给男友打电话，说自己要辞职。本想得到男友的安慰，谁知道，男友张口就说："你这样，对得起我妈的一片苦心吗？"她说，当时，她就直接挂断了电话，决定分手。

昏睡了一整天，醒来后她发现，手机里全是男友的未接来电,微信留言也从开始的询问变成主动承认错误。后来男友专门跑到她家,给她买药、熬汤,还对她爸妈说,工作无所谓,如果小Z不喜欢,辞职就是了,他妈妈那边他去解释。小Z心软了,觉得男友还是不错的,两个人又继续交往,但她一直没再去婆婆家。关于辞职这件事,婆婆的态度她侧面询问过男友,男友说他妈妈肯定是有点不高兴的,但是也没什么大问题。

直到今年"五一"两家具体聊婚事时,再一次和准婆婆相处,小Z才发现,原来婆婆一直没能原谅她辞职的事情。据说这次的辞职让婆婆觉得特别没面子,认为自己的准儿媳给自己丢了脸,居然连一份基础的文职工作都做不了。

小Z和男友一家去旅游,晚上住在宾馆,小Z的准婆婆把小Z叫到自己的房间,说:"小Z啊,阿姨不是老顽固,我知道你们年轻人思想比较活跃,看不上比较基础的工作,但是怎么说这份工作也是阿姨辛辛苦苦拜托关系帮你找的,你就干了三个月,还没转正就辞职了,是不是有点太草率了?"

小Z说,她当时第一反应就是愧疚,好像这份工作不适合自己、被领导欺负这些事她都忘了,只感觉自己确实是太草率、太不能吃苦了,于是她不停地给婆婆道歉,说自己不对。婆婆抓住机会,对小Z进行了一番说教。婆婆拿自己年轻时举例子,反复比对小Z是多么娇生惯养,多么不知感恩。

小Z越听感觉越不对劲,本以为道个歉这事儿就过去了,谁知婆婆教育了她一个多小时。而且在旅行的这几天里,婆婆动不动

第五章 隔代养育：在带孩子方面和老人有冲突，该怎么解决

就含沙射影地说她娇气。小Z忍不住和男友吐槽，男友说："我妈对我也这样，她这样做说明没把你当外人。"这句话竟让小Z无法反驳，她只能发自肺腑地说："那你妈还是把我当外人比较好。"

一直以来，大家都认为婆媳关系的逻辑是：我对她越好，她也会对我越好。但不得不说，从长远看，这也正是婆媳关系渐渐恶化的根源。开始时的互相讨好，确实看起来很和谐，但是相处时间久了，你不符合婆婆的预期，婆婆也不符合你的预期，于是俩人都会觉得自己的真心白付出了。

如果说婆媳相处有诀窍的话，第一条便是：保持心理距离，彼此尊重，不越界。大白话就是：别太走心，要走形式。如果是特别恶劣的婆媳关系，大不了老死不相往来，或者大大方方撕破脸就好，这样至少可以名正言顺地生气。最让人头疼的就是那种彼此都觉得为对方付出了很多，但对方不领情，俩人都特别委屈、特别愤怒，却又没法说。

婆媳相处的第二条诀窍是：试着抛开婆媳的身份，把对方当作一个独立的人来看待。婆婆除了是你老公的妈妈，她首先是她自己。如果这个女人不是你婆婆，而是你单位的同事，或者你同学的妈妈，对于这样一位阿姨，你有没有喜欢或者欣赏她的地方？

也许她啰唆、控制欲强，但同时她也很暖心；也许她矫情、娇气，但同时也很可爱；也许她脾气大，一点就炸，但同时也让人很有安全感；也许她唯唯诺诺、多愁善感，但同时也心思细

腻……如果你能偶尔把婆婆从她的身份里抽离出来，把她当作一个独立的人来看待，那么就可以让你们的关系得以缓和。如果你做不到把她当作一个个体来看待，就是很讨厌她，那可能你对婆婆的不满就不是婆婆引起的，而是你需要一个百分之百的恶人出现在你的生活里，而你把所有的不满都投射到了这个人身上，以至于你压根儿不愿意去想婆婆到底有没有优点，因为"巫婆"一定是坏的，不然，这没法让你心安理得地讨厌她。

有些对妈妈的愤怒可能不好表达，或者自己压根儿就没察觉，这时，婆婆就会成为愤怒的"出口"。有的老人因为自己经历过坎坷，没有得到关心和爱，所以很容易将这种痛苦的感受投射给媳妇或者女儿，于是，坏的关系就这样一代一代地传递下去了。

以上两条都是在说要划清心理边界，但划清心理边界不是特别容易的事情，就好像很多夫妻吵架、打架一辈子，但就是不离婚，除了他们以为的"为了孩子"或者"离婚丢人"之类的现实层面的原因，还有更深层次的潜意识原因：他们彼此都需要这种纠缠在一起互相折磨的"亲密感"。

用"相爱相杀"这个词来形容婆媳关系也挺合适的。凡是能"相杀"的，在某种层面上也是"相爱"的。换个说法就是：至少这个人对你来说在心理层面上是很重要的，不然你们也不会乐此不疲地"掐来掐去"。

你是一个
乖得过分的儿媳妇吗

小A已经第N次和我吐槽自己被婆婆"欺负"了,从孩子出生到现在八个月的时间里,她和婆婆的斗争已经可以写本书了。

孩子刚出生时,在病房里,她想给孩子喂初乳,婆婆死活不同意,说老家的风俗是第一口必须是白糖水,这样孩子一辈子才能过得顺。那时,她刚做完剖宫产,身体很虚弱,完全没力气反抗。她转头看着老公,老公也是一脸无奈。她虽然很不情愿,但心想就这一勺子糖水也不会有什么大碍,她想喂就喂吧。

喂了糖水,婆婆心满意足地抱着孙子走来走去。她说:"妈,现在让我喂奶吧。"婆婆十分不情愿地把孩子放到她身边,还不停地嘀咕:"刚生完,还是剖宫产,哪有奶啊,你看你瘦的。"

喂了几口,可能是吸不出来,孩子急得直哭。婆婆赶忙把孩子抱起来,说:"乖,不哭,不哭,妈妈没有奶喂你,奶奶给你冲奶粉。"小A说,还好她是在妇幼医院生的孩子,奶粉不让带进病房。婆婆气得去找护士理论,被护士怼了回来,于是一脸不高兴地说:"现在的小护士懂什么!把我孙子饿着了怎么办?我们那会儿都给喂米汤,现在有奶粉还不让喂,什么道理?把我孙子饿坏了,看我找他们理论。"

好在过了一会儿护士就来指导哺乳了,得知孩子刚被奶奶喂了糖水,又把老人教育了一通。要不是小A老公拦着,老人就要和护士打起来了。

回到家后,小A经历了堵奶、乳腺炎、发高烧、奶量骤减一系列的糟心事。坚持了三个多月后,最终,小A由全母乳喂养改成了全奶粉喂养。她对孩子心怀愧疚,我劝了她好几次,因为比起母乳喂养,妈妈的爱才是最重要的,只要你足够爱宝宝就行了。

但是这段母乳喂养的经历也导致了另一个问题——婆媳关系加剧恶化。婆婆经常会在她供需平衡的时候说她没奶,她自己也很焦虑,就开始喝各种油腻的汤、吃猪蹄什么的,结果没两天就堵奶了,然后乳腺炎、发高烧。婆婆又埋怨她发烧没法给孩子喂奶,这样反反复复,她被气哭无数次,但每次都忍了下来,只是等老公回来后向他哭诉。她老公也站在她这边,但奈何婆婆太强势,完全不听。

除了喂奶,要不要穿纸尿裤、要不要补钙、要不要吃感冒药、要不要输液、什么时候加辅食等,所有典型的育儿问题,几乎都闹了个遍,每次都是婆婆胜利、孩子遭罪、她被气哭。小A说自己爸妈都是讲道理的人，从小家庭氛围都是和和气气的，遇到婆婆这种霸道的人，她完全不知道该怎么应对，觉得自己都快抑郁了。

我和小A认识很久了，之前就这一问题我也温和地开导过她好几次，但效果都不是很好，所以这次我打算稍微刺激一下她——

我说："你知道哪些人容易得抑郁症吗？"

她说："就是我这种老好人呗。"

我又问："那你知道老好人为什么容易得抑郁症吗？"

她想了一下，说："对别人太好，太善良了。"

我说："是啊，不过，对别人太好只是表象，你想过没，你为什么要对别人好？"

她说："这我倒没想过，大概是不忍心伤害别人吧。"

我说："是的。这是不是也说明，你把自己的破坏力想得太大了，同时也把别人想得太容易受伤、心理太脆弱了？"

她没说话。我估计她是在想，我这到底是在夸她，还是在骂她呢？

我说："我是在骂你呢，骂你太自恋了。你以为你能对你婆婆造成什么伤害吗？"

听到这儿，她就笑了。小A是个聪明人，她沉默了一会儿，说："我婆婆怎么可能被我几句话就伤害到，只有她欺负我的分儿，我确实是想太多了。"

婆媳关系处理不好的人，大都欠缺一种拒绝的能力。拒绝是个技术活儿，不是所有人都会。让你无法拒绝的除了客观因素，更重要的是你的内心。就像小A一样，不懂拒绝的人通常都有以下特点：

1. 道德洁癖

我不能做那个没礼貌、不讲理的人，我不能失去体面，我不能给别人带来痛苦——这是所有不懂拒绝的人的共同特点。

虽然我被迫接受了婆婆的意见，比如婆婆非要给孩子喂糖水，我确实很难受，但是如果要我"撕破脸"，像泼妇一样去和她争吵，那比杀了我还难受，更何况还要背上"不道德、不懂事、不孝顺"的骂名。

我们"仙女"是不会去对骂的。"仙女"只能忍辱负重，修炼修炼再修炼！但她没有想过，其实拒绝一个人也未必要如泼妇骂街，但是一般不懂拒绝的人会下意识地觉得只有这一条路可走。

2. "脑洞"过大

就好比小A说，自己每次都会脑补和婆婆针锋相对后，婆婆要么是一边哭，一边指责自己没良心；要么就是两个人对骂到不可开交的地步，场面极其难堪。总之，不能发火，否则后果很严重！

这个"脑洞"有两方面的原因：一是从来不发火的高素质老好人，每次面对冲突都积压了一肚子的情绪。就好比水坝一样，如果你每次有坏情绪都能及时表达，放出一些"水"，那就不至

于决堤。但是如果你一直憋着自己，直到某天被引爆的时候，可能真的就会一发不可收拾，造成决堤的灾难性后果。

二是总认为对方是林黛玉一般的人物，经不起批评和拒绝，一句重话就能让对方肝肠寸断。这其实是心理学的一个经典理论——"投射"，意思就是那个经不起批评的人其实是你自己，你觉得全世界的人都和你一样经不起批评，也许人家完全不是你想的那样。

拒绝的正确方式：温和而坚定。如果你能做到时刻允许自己体验愤怒，而不是要求自己不生气，慢慢地你就可以做到温和而坚定地拒绝别人，既维护了自己的边界，又不会破坏你们的关系。

致"妈宝男":
还没断奶,就别结婚了

"妈宝男"是一种神奇的生物。他们拥有正常成年男性所拥有的一切生理机能,但是心理上,永远是那个年龄不超过三岁的小宝宝。

相信不少人已经熟知"妈宝男"这个词,但是不一定每个人都经历过"妈宝男",或者,即使你经历了也不知道原来他就是"妈宝男"。接下来我就用两"款"例子让大家彻底了解一下这种神奇的生物。

常见款:我妈说什么都是对的

小A最近刚当妈妈,最让她苦恼的就是老公从婚前对她言听计从,变成了婚后让她对婆婆言听计从。

常见理由有:

1.她都这么大年纪了,你就听她的吧,别惹她不高兴。

2.她是我妈,还能害自己孙子(女)不成?你就听她的吧。

3.惹她不高兴了，咱全家都不高兴，算了，算了。

4.毕竟老人有经验，你又没当过妈，听老人的总没错。

5.我妈养我不容易，现在又帮咱们带孩子，迁就一下她又怎么了？

6.你给我说她不对，我能有什么办法？忍忍就过去了，又不是什么原则性问题。

这类"妈宝男"的心理年龄处在零至一岁半之间，他们就像没有独立人格的婴儿一样，离开了妈妈就活不下去。他们一直被一种强大的恐惧支配着：一旦我不听妈妈的话，妈妈就会抛弃我或者攻击我，或者妈妈会通过伤害自己来让我陷入极度的痛苦中。

成因分析：这类"妈宝男"的妈妈和儿子在心理上是牢牢捆绑在一起的。就像某些言情剧的女主角，在感情里特别没有安全感，傻傻的，对未来没有任何计划，这就是容易养出"妈宝男"的典型女人。她们必须通过和别人捆绑来实现自己的人生意义，就像寄生植物一样无法独立存活。而婚姻过了甜蜜期后，老公不接受这种捆绑，而是沉迷于工作或游戏等，她就只能捆绑儿子了。

不知道大家是否还记得一个公益广告，广告中女人对儿子说：等你上学了，妈妈就享福啦；等你考上大学了，妈妈就享福啦；等你工作了，妈妈就享福啦；等你结婚了，妈妈就享福啦；等你有孩子了，妈妈就享福啦。最后，这个女人的小孙女对她说："奶奶，等我长大了就让你享福。"她成功地洗脑了一家人。

"妈宝男"的妈妈就是这样用自我牺牲、自我感动来威胁和捆绑孩子的。长期被洗脑的孩子自然也就默认了"我妈离开我活不了，我离开我妈也活不了"，心甘情愿当宿主，而且他们还会拉着自己的老婆、孩子一起来当宿主。

破解方法：针对这种情况最好的破解方法是这个男人能够自己觉醒，慢慢地拒绝和妈妈共生，建立起合理的边界，开始自己的人生。但现实中大部分"妈宝男"并不会主动醒悟，因为醒悟就意味着要亲手斩断和妈妈之间过分亲密的联系，意味着要承受来自妈妈狂风暴雨般的指责，以及自己内心强烈的愧疚感。

这类"妈宝男"还有一个软肋：他的大部分能力一直都不被肯定。因为妈妈需要的是一个小宝宝，太能干肯定不行，妈妈就会经常对他说他这也不行，那也不行，末了还会加一句"你看你离开妈妈可怎么办"。人都渴望被肯定，因此，你可以在"肯定他"这方面多下功夫，让他看到老婆和妈妈的不一样，在老婆、孩子这里，他可以做一个独立的男人。

这样慢慢"养大"老公是很费劲的，你要一次次地从他的行为中挑出闪光点并发自内心地赞赏。

升级款：对妈妈爱恨交织的"妈宝男"

小B和老公结婚后就一直和公婆住在一起，她发现自己越来越讨厌婆婆，但是又没有正当的理由。每次发生矛盾时，虽然看似老公是支持自己的，但她就是感觉怪怪的。

常见状态有：

1.婆媳矛盾增加，但是老公从不认真对待。

2.老公偶尔也很讨厌自己的妈妈，但是总找不到理由拒绝。

3.一旦婆婆在家，老公就自动卸下丈夫、父亲的身份，只有儿子的身份。

4.老公和婆婆关系并不亲近，但就是不愿意搬出去住。

5.无法和老公谈论他和他妈妈之间的问题，他会各种回避。

6.细想一下，你和婆婆的大部分矛盾竟然是你老公间接引起的。

成因分析：这类男人看似并不像传统意义上的"妈宝男"，但他们的成因也较为复杂一些。他们和妈妈的关系看起来并不亲密，实际上，由于他们对妈妈的爱恨纠葛复杂，导致他们和妈妈也牢牢地捆绑在了一起。

他们的心理年龄大致徘徊在两至三岁，并且已经进入自我意识的萌芽期，但无法完全形成自己的独立人格。这有点像刚学会走路的孩子，既想挣脱妈妈的怀抱，去看看外面的世界，又想在走累了的时候让妈妈抱。

他们之所以能够比"常见款"在人格上发展得稍好一些，大概是因为他们的妈妈有工作，或者他们有其他兄弟姐妹分担了一些妈妈的注意力，给了他一些自由成长的空间。但是，妈妈忙完了回头一看："呀，你啥时候偷偷长大了？不行，不行，你还得是我的小宝宝。"所以，他们在短暂的自由生长后，又被打压了下来。

这类"妈宝男"最典型的特质就是：让老婆替自己出头。比如有一件事情你们俩都不满意他妈妈的做法，但是他不会说，结果你忍无可忍，就冲上去怼婆婆了，怼完之后，他可能还会说一句："你也别太生气了，别和她一般见识。"看似他是在替你说话，但其实这个矛盾本来就该他自己去解决。他这样做是因为他对妈妈很愤怒，却无法直接表达，所以就煽动自己的老婆去和妈妈掐架。

破解方法：不插手他们母子之间的矛盾，有什么问题让他们自己去解决，而不是被老公当枪使。刚开始可能挺难熬的，他会想尽办法把你也卷入"战争"，好让你去"冲锋陷阵"，这时就是考验你定力的时候了。你一定要分清哪些事是应该他自己解决的，哪些事是需要你们一起解决的。

婆媳关系出问题，大都是因为老公躲了起来。下次你不要和婆婆吵，让他们母子辩论去吧，你只需要站在老公旁边，表示支持就可以了。

控制狂妈妈
用爱毁了孩子

有一段时间，朱雨辰的妈妈霸屏了。朱雨辰就是电视剧《奋斗》里面的华子的扮演者。他妈妈参加了一档节目。在节目里，她讲述了自己是如何用整个生命对儿子好。因为太爱儿子了，所以她干涉了儿子的每一段恋情。大家吐槽，这样的妈妈太可怕了。

他妈妈会因为去他家看到他在自己做饭而伤心流泪，觉得儿子生活过得很苦，居然都要自己做饭了；还会因为自己买的鸡毛菜朱雨辰不爱吃，用内疚"绑架"他，让他吃下自己认为好的菜；对于朱雨辰选择另一半，她更是横加干涉，觉得一定要找一个会照顾自己儿子的姑娘才行，性格要温顺听话。

朱雨辰妈妈很坦然地说：我没有自我，完全没有自我。她说这句话时并不是悲伤的，而是带有一种巨大的牺牲奉献后的道德制胜感。

那么，为什么朱雨辰没办法摆脱他的妈妈？

以前大家聊到"妈宝男"的时候，都觉得"妈宝男"就是那种"我妈说什么都是对的，就算说错了也是对的，因为她是我妈"的人，对妈妈百般维护，离不开，舍不下，觉得娶媳妇回家就是用来伺候妈妈的。这种"妈宝男"很好识别，也很容易让人敬而远之，但还有一种"半妈宝男"，就是类似朱雨辰这种的。他不是没有反抗意识，他到北京去上大学，自己很努力地想要独立，但这一切都抵不过妈妈那令人窒息的"母爱"。他甚至坦言，倘若自己有一天真的结婚了，"百分之五十是为了满足母亲的心愿"。

在搜寻有关朱雨辰妈妈的这些消息时，我看到一位网友的留言，他说自己的妈妈也是这样一个控制狂。他反抗的方式就是患上了抑郁症，瘫在床上什么事情都不想做。这一来，他妈妈没办法再控制他了，因为他什么都做不了了。他妈妈带着他反复求医，经过七年的折腾，最终，他才在长期的心理咨询的帮助下，意识到自己不能再这样自毁下去了。

为什么说这种有反抗意识的也是"妈宝男"呢？因为他们看似是在反抗，而最终的结果还是控制狂妈妈想看到的。不论你是谈不成恋爱，还是事业没什么起色，还是严重到得了抑郁症，最终都说明了一个状况：你离不开妈妈。这才是控制狂妈妈带给孩子的最可怕的后果——你永远不可能真的独立。

正常的母子关系中，在孩子成家后，母子关系应该有一些

第五章 隔代养育：在带孩子方面和老人有冲突，该怎么解决

"各过各"的气息。这并不是一定要分开住，因为很多家庭夫妻双方都要工作，只能和老人一起住，不然没人带孩子。而不论分开住还是合住，彼此都要有清晰的心理上的界限感。比如，就算婆婆再看不惯儿子和儿媳妇腻歪的样子，也不会冲过去坐在人家俩人中间；就算老公觉得自己的妈妈再辛苦，也不会对老婆说：我妈养我不容易，你嫁过来就得对她好，不然我们就离婚。

这个界限感还可以理解为，你究竟有没有做好成年、成家的心理准备，一旦组成了新的家庭，你的新家庭一定要比你的原生家庭在你心里的排名靠前。无论是传统的"妈宝男"和妈妈腻腻歪歪，还是非典型的"半妈宝男"和妈妈爱恨纠缠，心理上都是未成年的状态，和妈妈之间的情感浓度过高，而牺牲了自己的生活和家庭。所以说，不仅仅是对妈妈言听计从的男人是"妈宝男"，那些和妈妈爱恨纠缠、没办法远离的，也一样要小心。

对于朱雨辰来说，小时候有这样的控制狂妈妈，没几个孩子能觉悟或者有能力去反抗。但是，成年人和孩子的状态是不一样的，只要妈妈没有夸张到把你捆在家里，没收走你的手机、银行卡、身份证，理论上讲，你都是自由的。

自从"原生家庭"这个心理学概念逐渐为人熟知，许多人都开始回忆自己的原生家庭，越回忆越生气，然后向自己的爸妈抱怨：都是因为你们，我才会变成现在这个样子——工作不好，感情不顺，家庭不和谐，孩子不听话。

归因的目的，不是为了让你去"寻仇"。这就好比你一直以

来骑着一个方轱辘的自行车,无比艰辛地向前走了二十多年,这时有人告诉你:你之所以走得这么困难,是因为厂家当年没把车轱辘打磨好。这时,对你而言,最重要的是抓紧时间把车轱辘打磨好,而不是去找厂家维权,质问厂家当年为什么不把车轱辘打磨好再给你。

朱雨辰和他妈妈的关系一定是两人共同造成的结果。妈妈控制欲爆棚,儿子在这种环境中逐渐丧失了追求独立的能力,带着一种放弃抵抗、大不了同归于尽的悲壮情绪。

和这样的男人结婚是很危险的。他们无法依靠自己的力量摆脱有控制欲的妈妈,就让另一个女人来拉自己离开,这就很容易把母子之间的矛盾转移成婆媳之间的矛盾。他们不维护自己的妈妈,但也不维护你,他们把自己当作透明人,这种不作为是很容易让人愤怒的。

这样的男人一方面渴望老婆替自己挡"子弹",另一方面又渴望老婆把自己从原生家庭里拯救出去。潜意识里,他不是找老婆,而是试图给自己找个有力量又不会控制自己的"好"妈妈。而一旦脱离自己的妈妈独自过日子,他又会不自觉地把你投射为"坏"妈妈,会像对付自己妈妈一样,对你也消极抵抗,让你觉得你不像是他的妻子,而像是一个管家婆,成天就知道抱怨和唠叨,和他妈妈没什么区别。

遇到这样的男人该怎么办呢?许多姑娘咨询我,遇到"妈宝男"或者渣男,要怎么才能改变他。我的建议是:先别想着怎么改变对方,先想想你自己想要什么样的生活,为了过上自己想要的生活,你能为自己做点什么。有时间和这种男人纠缠,不如好好规划一下自己的未来。

这听起来有点薄情,但是没有人能够为另一个人负责。我们每个人都只能做到为自己负责,只有这样才能通过改变自己而影响到别人。育儿是这样,夫妻关系是这样,婆媳关系也是这样。如果你和朱雨辰有一样的处境,那么,请思考一下,你要把自己的人生毁到什么程度,才觉得足以表达你对妈妈的忠诚。

不敢拒绝别人，
你小时候一定过得挺惨吧

我和大家提到过几次可可的幼儿园，大家都表示很喜欢他幼儿园的人文环境。造就这样的环境，重点在于，他们的教育理念结合了"蒙氏"理念和"爱与自由"。这些教育理念不仅可以用在幼儿园里，用于家里的亲子互动也是很棒的。

幼儿园的七大规则：

1.粗野、粗俗的行为不可以。

2.别人的东西不可以拿，自己的东西归自己所有，并且有权利自由支配。

3.从哪里拿的东西，用完要归还到哪里。

4.公用的东西谁先拿到谁先使用，后来者请等待。

5.不可以打扰别人。

6.学会道歉，并且有权利要求他人道歉。儿童拥有保护自己的权利。

7.学会拒绝别人，也要尊重和接纳别人的拒绝。学会说"不"。

老师在家长会上说，有好几个宝宝都进入了语言爆发期，喜欢说一些"臭屁""屎粑粑"之类的词语。孩子们觉得说这些词语特别有力量，周围人的反应也都特别强烈，于是他们就会不断地说。老师的处理方式就是告诉孩子，这些话是粗俗的，不可以在公共场合说。如果实在想说，老师会带你去卫生间，等你说完了再回来。小朋友就会和老师去卫生间，特别开心地在里面说个够，然后跟老师说："老师，我说完了，可以回教室了。"

刚好可可最近也偶尔会冒出"臭屁""屎粑粑"之类的词，回家以后我就问他："老师说在公共场合不可以说这些，是吗？"他说："对。老师带我和夏宝去卫生间说完，然后就回教室了。"原来，老师举的例子就是他。

第2~5条大家都比较容易理解，孩子的秩序感是很强的，往往比成年人的秩序感还要强。其中第2条老师专门强调，5岁左右的孩子会开始出现给自己特别喜欢的朋友赠送礼物的行为，所以家长一定要保证有一部分物品是完全可以由孩子自己来支配的，太贵重或者有纪念意义的物品要提前给孩子分类，并商量好。

其中最让我触动的是第6、7这两条。有位家长在家长会上说，她老公认为不应该教孩子一定要要求别人道歉，觉得这样会让孩子显得很另类，别人会觉得这孩子有病。

经过激烈的讨论后，大家得出的结论是：不论对方是否愿意道歉，我们都希望孩子能够有要求对方道歉的能力。对方道不道歉是对方的事，能不能提出要求就是我的事了。

有不少人认为实在是很难把握教育孩子的度，既希望孩子可以懂得分享、礼让，又希望孩子可以保护自己。那到底什么时候该拒绝、什么时候该分享呢？要明白这个问题，就要先把目光从孩子身上移开，先想想自己。

凡是不知道在教育孩子的问题上如何把握度的家长，都是自己没办法把握这个度，其中大多数人从小接受的教育都是"凡事都要以他人为重，你自己的意愿不重要"，还有"即使你没有错，但是你看对方已经那么不高兴了，你就让着他点又能怎样"。

我们不但没有被教育尊重自己的感受，还被要求只要对方不高兴了或者提出了要求，我们就一定要去安抚对方、满足对方，这样才是好孩子。很多人面对他人的侵犯连自保都很难，更别说对别人提出自己的不满了。这一切的根源是我们太缺乏对关系的安全感。

什么人会特别害怕得罪人，害怕别人对自己不满意？就是那些本身自我评价就很低或者害怕在关系中被"抛弃"的人。这一切的根源在于我们小时候和父母的互动模式。

如果你在3岁以内的主要抚养人能够看见你的需求、情绪，并

第五章 隔代养育：在带孩子方面和老人有冲突，该怎么解决

且大多数时候都可以满足你的需求、理解你的情绪，那么你就会活得相对自信，对自己的认识稳定且正向，也会觉得自己和父母的关系是安全的，自己是被爱、被接纳的。

如果状况恰好相反，你的父母大部分时间里都觉得你不够好、你太爱哭、不懂事、笨手笨脚等，那你就会在内心深处根植一种理念：我是差劲的，不配被喜欢的。如果你的父母为了"激励"你变好，经常说一些"如果你不怎么怎么样，爸爸妈妈就不喜欢你了，不要你了"此类的话，那么恭喜你，你同时还被植入了"如果我不让对方开心，我就会被抛弃"的理念。

甚至不一定非要说这些话，而是只要能让你感受到"如果你不怎样做，爸妈就会抛弃你"，也会产生同样的效果。所以，有的父母以为自己是想培养一个坚强、懂事的孩子，但实际上他们长期灌输给孩子的都是不满、愤怒和强烈的不安全感，这样下去，孩子只会变得唯唯诺诺、外强中干。

重新建立起对自己比较全面、中肯的认识，拥有对关系的安全感，是一件很困难的事情，需要花费很长的时间，也需要运气。有的人虽然没有被自己的父母养育好，但是他的另一半对自己非常接纳和理解，几乎可以做到无条件地爱，这份关系就会给他带来深深的改变。但更常见的是两个都很不安、都很缺乏爱的人走到一起，彼此折磨，不断重演原生家庭的伤害，并且把这份伤害传递给孩子。

看似只是简单的要求道歉或者拒绝别人，背后却能牵扯出一

个家庭，甚至几代人之间复杂的故事和历史背景。养育孩子的过程里，有太多明知道要怎么做却就是做不到的事情，就是因为背后有这些"历史遗留问题"。讲道理往往没什么用，被理解、被接纳、有温度的关系，才能带来真正的深层次的改变。

原生家庭的影响
或许比你以为的更深刻

2018年年初，我参加了一个为期一年的家庭治疗培训项目。在此之前，我所学习的关于心理治疗的内容都是从个体角度出发的，研究的是每个人从小到大的经历对其个人的影响。而家庭治疗的培训，把我的视角扩大到了整个家庭，甚至整个家族。这是以横跨几个时代的视角来看待心理问题。

经常有人问我："全家人与我的育儿理念都不一致，我该如何纠正他们？该怎么讲他们才肯听我的？"其实，见了这么多的家庭和案例，我的结论是：如果想通过自己单方面的努力来改变对方，成功的可能性几乎为零。

也许你也发现了，同样的育儿理念，如果是你老公先看到了，他就会很认可，但如果是你告诉他的，他就会很排斥。为什么呢？因为你老公有一个爱控制一切的妈妈。从小到大，他的一切行为和思想都是被妈妈控制的，因为他是孩子，妈妈是大人，他无法反抗，也无法承受因为反抗妈妈而带来的巨大内疚感，因此，他就默默地把这股反抗妈妈的情绪憋到婚姻里去释放。

当你和他讲育儿理念时，那一刻，在他眼里，你不是他的妻子，而是他妈妈的化身；他也不是你的丈夫，而是变回了那个敢怒不敢言的小男孩。这一身份的变化会发生在潜意识的一瞬间，你几乎无法察觉。

而你呢？当你全身心投入到一个妈妈的身份中，给老公讲育儿知识时，收到的却是一个麻木的、不耐烦的或者愤怒的反馈。那一刻，你也变回那个小时候不断被父母拒绝、误会甚至打骂，却无力反抗的小女孩。

委屈、愤怒、绝望涌上你的心头，眼前这个男人突然变得十恶不赦。不是他一个人在伤害你，而是包括你过往经历里所有伤害过你的人，都在一起伤害你。你对他发火、哭泣，你想要表达自己的绝望、愤怒和悲伤，而他的感觉是，你和他的妈妈一样，都在用自己的情绪绑架他，试图逼迫他顺从你，于是，他小时候那些不敢说的反抗妈妈的话，在这一刻全对你说了出来。

婚姻的确是两个家庭的事，但这并不是指现实中的家庭，而是被我们内化到自己内心深处的家庭原型——爸爸、妈妈的原型。

而我们的爸爸、妈妈就是罪魁祸首吗？当然不是。爸爸、妈妈也有自己的爸爸、妈妈。在考虑上一辈的教育和家庭环境时，还要考虑时代因素。在不同的社会背景下，教育的大环境也是不

第五章 隔代养育：在带孩子方面和老人有冲突，该怎么解决

同的。如果你要去和自己的爷爷、奶奶辈儿说不可以打孩子、骂孩子，那他们大概会觉得你疯了。

我们的父母对我们的教育方式是不听话就打骂，但我们现在在改变，开始和孩子讲道理了，我们称之为"温和而坚定"地讲道理。其实目的是一样的，依然是为了让孩子"听话"，只是我们的方法更高明，看起来更科学。

其实我们在骨子里还是认可：孩子就是要管教才听话，家长永远比孩子知道得多，父母就该为孩子的未来指引方向。这就是为什么很多爸妈反映，学了很多育儿方法，感觉短期内有效，但时间长了，孩子反而会更抗拒。其实孩子的抗拒和我们小时候内心对父母的反抗是一样的，只是因为我们小时候怕挨打，不敢说，现在的孩子很少被打了，所以才更敢表达一些。

心理学家认为，父母在潜意识里都倾向于给孩子提供一个和自己小时候成长环境相似的环境，因为这样才能让孩子深深地理解自己，只有这种深层的理解才能消除自己内心的孤独感。

"长大后我就成了你"，这也许是我们每个人都逃不过的宿命。我们很努力地想要和自己的父母有所区别，一番折腾后，却发现自己好像变成了另一个版本的他们。

可可一岁前，我特别执着于给他提供一个能及时回应和满足他的环境。我不但自己这样做，还会在心里默认其他人也应该这样做。只要可可哭了，我就会第一时间冲过去安抚他。当我在做别的事情，无法及时过去安抚他时，我会很生气为什么别人没能和我一样，立刻去安抚他，以至于我经常忍不住对家人大吼。

现在回想起来，我那样执着地坚持，不就是坚定地认为"孩子哭了不能抱"的另一面吗？其实在本质上，我们那股偏执的劲儿是一样的，传递给孩子的焦虑也是一样的。

我发现我的控制欲和我妈对我的控制欲如出一辙，只是我们所坚持的理念不同而已。我发现我费尽心思想要摆脱原生家庭对我的影响，而越想摆脱，这股力量就越强大。

现在和家人相处时，我更多的是理解和接纳，理解我自己，也理解家人。我无法把自己看过的知识全部复制、粘贴到每个人的大脑里，也无法命令每个人都按照我的想法来行事。明白这个道理后，我反而从那种"绝望感"里获得了轻松的解脱感。我成为爸妈的孩子，可可成为我的孩子，这些都是无法选择的。我们在成长的过程中遇到什么人、发生什么事，也都不受我们控制。此生能够成为亲人，是我们的宿命。这份命运里有苦有甜，无论好坏，都是值得体验和珍藏的。

后 记

觉醒吧，中国式父母

六年前，我考心理咨询师二级资格证时，一起参加考前培训的，除了我们本专业的学生，剩下的大多都是三十至四十五岁的女性。她们常对我说的话就是："真羡慕你们，这么年轻就能接触到心理学。我们都是在教育孩子和婚姻生活中走了弯路，才开始找办法。"

或许是这样的话听得太多了，我也开始觉得，如果我有了孩子，我一定可以当一个好妈妈。然而，等到真正面对一个活生生的婴儿时，我才发现，那些书本上的理论知识全被我抛诸脑后。教育绝对不是照搬书本上的知识就能万无一失的，这也是我写育儿文章的初衷。我想告诉大家，教育最重要的是心，而不是术。

所有的育儿问题，最终都会回归到父母身上。著名心理学家曾奇峰曾经说过："同样的一句话，不同人格状态的父母说出来，对孩子产生的效果都是不一样的。"我们的父母承受了太多的历史创伤，在生存都很难保障的前提下，能有几人还有多余的精力去关注孩子的心理健康？

然而现在的孩子，物质生活已经没有可担忧的了，心理健康自然就成了刚需，而这是我们的长辈完全陌生的领域。

现如今还是有许多父母觉得教育就是管教，就是你要听我的话，要按我说的去做。之所以会这样，是因为我们的父母除儿童心理发展知识欠缺外，还不会爱。在理想的情况下，当一个孩子出生后，若他从父母那里得到了足够的爱和温暖，成长的过程中又不断地从父母身上学习为人处世的方式，那么，当他自己为人父母时，就天然地会正确地爱孩子，会根据孩子成长的需求调整自己的方法。

而现实中，许多新手爸妈成长的过程充满了坎坷，也从来没有体会过正确的父爱、母爱，这要他们如何无中生有地给孩子正确的爱和尊重呢？内心空洞的父母，自然会倾向于那些可操作性强、看起来很快就能见效的育儿方法。但孩子人格的发展是需要耐心和尊重的，当我们急于去追求效果时，多半会伤害到孩子的情感和心理健康。

后记

育儿即育己,只有当我们自己先稳定下来,打开自己心里的结,才能给孩子提供更高质量的爱。爸妈们,从现在开始,让我们进入育儿理念的新轨道吧!